Lilie · Lotus · Lotuslillies

Residenzgalerie Salzburg

Impressum

© Copyright by Residenzgalerie Salzburg 2005

ISBN 3-901443-24-X

Eigentümer und Verleger:
Residenzgalerie Salzburg, Residenzplatz 1, 5020 Salzburg
e-mail: residenzgalerie@salzburg.gv.at
www.residenzgalerie.at

Diese Publikation erscheint anlässlich der Ausstellung
„Lilie · Lotus · Lotuslillies
Kunst- und Kulturhistorische Assoziationen zu zwei Blütenpflanzen"
von 19. 3. – 3. 7. 2005
in der Residenzgalerie Salzburg

Katalog
Herausgeberin und Redakteurin:
Dr. Roswitha Juffinger, Residenzgalerie Salzburg
Für den Inhalt verantwortlich:
Die namentlich ausgewiesenen Autorinnen und Autoren
Grafik, Layout, Satz: Anneliese Kaar, Salzburg
Lektorat: Peter Rademacher, Salzburg
Druck: Colordruck Helminger & Co., Ges.m.b.H., Salzburg

Umschlag-Vorderseite: Wilhelm Weimar, Getigerte weiße Lilie, ALBERTINA, Wien (Detail); Reliefplatte mit dem Kopf einer Dame, KHM, Wien; Teller mit Lotos-Dekor, Residenz München; Francesco de Rosa, Flora, KHM, Wien; Schuhe für Lotos-Füße, Besitz: B. Passow, München
Umschlag-Rückseite: Schuhe für Lotos-Füße, Besitz: B. Passow, München

Ausstellung
Ausstellungskonzeption, Organisation und Präsentation:
Dr. Roswitha Juffinger, Residenzgalerie Salzburg

Roswitha Juffinger (Hg.)

Lilie · Lotus · Lotuslillies

Kunst- und Kulturhistorische Assoziationen
zu zwei Blütenpflanzen

Residenzgalerie Salzburg
19. 3. – 3. 7. 2005

Die Residenzgalerie Salzburg dankt den Leihgebern der Ausstellung
für die großzügige Unterstützung des Projektes:

Braunschweig
Herzog Anton Ulrich-Museum Braunschweig. Kunstmuseum des
Landes Niedersachsen

München
Bayerische Verwaltung der staatlichen Schlösser, Gärten und Seen,
Residenz München, Ostasiensammlung

Salzburg
Erzabtei St. Peter
Universitätsbibliothek Salzburg

Wien
ALBERTINA, Wien
Kunsthistorisches Museum Wien
Kupferstichkabinett der Akademie der bildenden Künste, Wien
MAK – Österreichisches Museum für angewandte Kunst /
Gegenwartskunst, Wien

Vaduz – Wien
Sammlungen des Fürsten von und zu Liechtenstein, Vaduz – Wien

sowie

Frau Beate Passow, München, Herrn René Edenhofer, Deutsch-
Wagram, und den ungenannt bleiben wollenden Eigentümern
der Werke aus Privatbesitz

Autorenverzeichnis

HB	Dr. Herbert Berndl, Saalfelden
RF	Dr. Rainald Franz, MAK – Österreichisches Museum für angewandte Kunst / Gegenwartskunst, Wien
UH	Dr. Ursula Härting, Hamm
EH	HR Dr. Elfriede Haslauer, Kunsthistorisches Museum Wien, Ägyptisch-Orientalische Sammlung
IH	Dr. Ingrid Haslinger, Deutsch-Wagram
RJ	Dr. Roswitha Juffinger, Residenzgalerie Salzburg
GK	Dr. Gerhard Kölsch, Mainz
PL	Dr. Peter Lechenauer LL.M., Salzburg
JR	Dr. Johannes Ramharter, Tulln
	Dr. Andrea Alexa Schnitzler-Sekyra, Konsulentin für Research & Education am Getty Research Institute, Los Angeles
WS	Tit.O. Univ. Prof. Dr. Wolfgang Speyer, Universität Salzburg
FU	Dr. Friederike Ulrichs, Bayerische Verwaltung der staatlichen Schlösser, Gärten und Seen, Museumsabteilung, München
JW	Dr. Johannes Wieninger, MAK – Österreichisches Museum für angewandte Kunst / Gegenwartskunst, Wien

Inhaltsverzeichnis

8   Roswitha Juffinger   **Einführung**

STICHWORT: LOTUS- ODER LILIENFÜSSE

14   Andrea Alexa Schnitzler-Sekyra   **Lotuslillies**
Kat. Nr. 1 – 9

25   Gerhard Kölsch   **Beate Passow – Lotuslillies**
Kat. Nr. 10 – 12

STICHWORT: LOTUS / LOTOS

32   Friederike Ulrichs   **Chinesisches Porzellan mit Lotos-Dekor**
Kat. Nr. 13 – 18

36   Peter Lechenauer   **Die Lotusblüte – Ein buddhistisches Symbol und seine Legende**
Kat. Nr. 19 – 23

44   Elfriede Haslauer   **Der Lotus im alten Ägypten**
Kat. Nr. 24 – 34

58   Roswitha Juffinger   **Abt Albert IV. Nagnzaun (1777 – 1856) und dessen Ägyptische Kommode von 1828**
Ein seltenes Empire-Möbel aus der Erzabtei St. Peter in Salzburg und seine Funktion als Bücherschrank für Napoleons *Description de l'Égypte*
Kat. Nr. 35 – 41

64   Rainald Franz   **Ägyptischer Lotos und die Suche nach dem „Wahren Ornament": Owen Jones (1809 – 1874)**
Kat. Nr. 42 – 44

70   Rainald Franz   **Japanischer Lotos jenseits des Japonismus**
Lafcadio Hearn: *Lotos. Blicke in das unbekannte Japan*, in der deutschen Ausgabe mit Buchschmuck von Emil Orlik
Kat. Nr. 45 – 46

STICHWORT: LILIE

76   Johannes Ramharter   **Im Zeichen der Lilie**
Kat. Nr. 47 – 57

85   Ursula Härting   **Strahlend weiß und Feuer rot**
Die Lilie in Werken der Botanik aus dem 16. – 18. Jh.
Kat. Nr. 58 – 63

94   Herbert Berndl   **Die Lilie in der christlichen Ikonographie**
Kat. Nr. 64 – 68

103   Roswitha Juffinger   **Die Lilie in Floras Hand**
Flora, römische Göttin der Blumen und Allegorie des Frühlings, und ihr Attribut: Frühlingsblumen
Kat. Nr. 69 – 70

107   Johannes Ramharter   **Die Sprache der Blumen**

109   Rainald Franz   **"Sesame and Lillies" und die Naturornamentik bei John Ruskin (1819 – 1910)**
Kat. Nr. 71 – 72

113   Ingrid Haslinger   **Lilien-Porzellan**
Kat. Nr. 73 – 77

122   Gerhard Kölsch   **Blumen-Photographie**
Wilhelm Weimar (1857 – 1917) und Paul Wolff (1887 – 1951)
Kat. Nr. 78 – 80

Einführung

Roswitha Juffinger

Lotuslillies, eine Serie von Fotografien, die Beate Passow im Jahr 2000 in der chinesischen Provinz Yunnan aufnahm, ist jenen heute noch lebenden chinesischen Frauen, deren Füße dem Schönheitsideal des „Goldenen Lotus", d.h. der Verkürzung des Fußes auf 8,5 – 10 cm Länge entsprechen, gewidmet. Die Form des Fußes sollte einer geschlossenen Lotusblüte gleichen, wobei für das Abendland die hocherotische Komponente der über 1.000-jährigen Tradition des Füße-Bindens faszinierend und fremdartig zugleich bleiben wird. Die Foto-Serie war der Ausgangspunkt für das Frühjahrsprojekt der Residenzgalerie Salzburg, und bildete gleichzeitig den Einstieg in das Thema des „Goldenen Lotus". Schön gearbeitete, historische Schuhe chinesischer Damen (Kat. Nr. 12) und die bereits „industriell" gefertigten, aber immer ornamental verzierten Schuhe der von Beate Passow porträtierten Frauen (Kat. Nr. 11) führen dem westlichen Betrachter vor, wie klein diese Füße zu sein hatten, um in den Augen der bewundernden Männerwelt zu reüssieren. Winzige Füße waren bei den Han-Chinesinnen Garant für sozialen Aufstieg und Status-Symbol.

Kat. Nr. 28

In der Erotik spielte die Kleinheit und „Wohlgeformtheit" des weiblichen Fußes eine dominierende Rolle gegenüber einer schlanken Gestalt oder der Schönheit des Gesichtes.
Bis ins 19. Jh. war das Füße-Binden den gehobenen sozialen Schichten vorbehalten, die auf die Arbeitskraft der Frau im Haushalt oder etwa in der Landwirtschaft verzichten konnten. Damen mit „Lotus-Füßen" waren gebildete, sich dem Müßiggang hingebende „Kostbarkeiten", deren Leben im streng abgezirkelten Bereich ihrer Häuser nach festgelegten Ritualen verlief (Kat. Nr. 1, 14). Allerdings waren sie mit jener Macht ausgestattet, die sich seit Beginn der Menschheitsgeschichte aus der Faszination ergibt, die starke erotische Signale auf das „starke" Geschlecht ausüben.
Chinas Erotika, künstlerische Darstellungen von Liebes-Szenen in den verschiedensten Medien, haben im 18. Jh. höchstes Niveau, wie vier kostbare Speckstein-Reliefkästchen unter Beweis stellen (Kat. Nr. 4 – 7). Die in Kat. Nr. 7 gezeigte Auseinandersetzung eines Paares, er kniet vor ihr und fleht sie an, sie dreht ihm schmollend den Rücken zu, hat über die Jahrhunderte hinweg ihren besonderen Charme nicht verloren.
Lexikonartig aufgebaut, widmet sich das vorliegende Ausstellungsprojekt den beiden Komponenten des Lotuslillies-Titels, dem Lotus/Lotos und der Lilie in deren kunst- und kulturhistorischen Assoziationen. So disparat das Thema vorerst zu sein schien, ergaben sich im Zuge der Bearbeitung reizvolle Bezüge: Die Lotosblüte im Alten Ägypten und im Fernen Osten ebenso wie die Lilie in Europa wurden auf Grund der ebenmäßigen Schönheit der Blüte und deren exquisitem Duft zum

Kat. Nr. 28

Synonym für makellose Reinheit in physischer und spiritueller Hinsicht. Und so zieht sich, wie ein roter Faden, dieses Idealbild vollendeter Form und Farbe durch die einzelnen Stichworte des Verzeichnisses.

Im Buddhismus spielt die Lotosblüte in Verbindung mit dem Beginn des Lebens eine wesentliche Rolle. Buddha, auf einem Lotosthron sitzend, ist ein fundamentaler Bestandteil dieser Religion. (Kat. Nr. 19 – 23)

Lafcadio Hearne bezieht daher in seinem ersten Buch über Japan *Lotos – Blicke in das unbekannte Japan* die Lotosblüte nicht von ungefähr in den Titel dieser Reisebeschreibungen ein. (Kat. Nr. 45 – 46)

Die japanische Holzskulptur mit schwarzer Lackfassung eines Amida Nyorai aus dem 18. Jh. (Kat. Nr. 19) ist in zweierlei Hinsicht von Bedeutung. Einerseits als künstlerisch wertvolle Darstellung eines Buddha Amitabha, der in Meditationshaltung auf dem Lotosthron sitzt, andererseits auf Grund des besonderen historischen Salzburg-Bezuges der Figur. Mit zwei weiteren Buddha-Statuen und 5 chinesischen bzw. japanischen Vasen aus dem MAK in Wien fungierte sie ab 5. Juli 1938 als Ausstattungs-Stück von Schloss Kleßheim. Ergänzt durch ostasiatische Stücke der 2. Hälfte des 19. Jh.s aus dem Besitz von Erzherzog Ludwig Viktor (1842 – 1919) bildeten die Objekte des MAK Teil eines „fernöstlichen" *Ensembles* in Hitlers Gästehaus. Dieser Aspekt der Ausstattung von Schloss Kleßheim zwischen 1938 und 1945 wurde bislang noch nicht beachtet.

Die Lotosblüte ist im Kulturkreis des Fernen Osten, sei es in der Religion, sei es im Alltag, omnipräsent. Erstmals zu einem *Ensemble* vereint, zeigt die Ausstellung feinst gearbeitetes chinesisches Porzellan der „Famille rose", entstanden zwischen 1735 – 1750, aus der Ostasiensammlung der Residenz in München und dem MAK in Wien (Kat. Nr. 15 – 18).

Die Idee der Darstellung eines Lotusteiches, mit exotisch schönen Lotusblüten und -blättern findet sich im Spiegel einer ägyptischen Fayence-Schale (Kat. Nr. 28, *Nun*-Schale), mit türkis-blauem Fond und in dunklen Linien wiedergegebenen Blüten und im Spiegel einer chinesischen Porzellan-Schale, bei der auf einer durchsichtig hellblauen Wasseroberfläche duftige Lotosblumen zu schweben scheinen (Kat. Nr. 18, zur „Famille rose" gehörig). Eine künstlerische Idee, deren Gestaltung völlig verschiedenartig ausfällt, verbindet über Jahrtausende hinweg China mit der versunkenen Welt des Alten Ägypten. Bei der chinesischen Arbeit des 18. Jh.s lassen sich neben dekorativen wohl auch buddhistische Vorstellungen vermuten, für das Alte Ägypten verband sich mit dem Blau des Himmels und des Wassers das Bild eines Teiches mit Lotosblüten, das Leben symbolisierend, das aus dem Urgewässer *Nun* in Gestalt des Lotos auftaucht.

Im Alten Ägypten wurde dem Blauen Lotos, jener Pflanze, die aus den Wassern des Nils zu vollendeter Blüte heranwächst, als Sinnbild des Lebens in allen Bereichen der Kunst, von der Architektur bis zum kleinsten Objekt des Kunstgewerbes, ein besonderer Stellenwert beigemessen. (Kat. Nr. 24 – 34) Owen Jones nimmt in seiner *Grammatik der Ornamente* von 1856 auf dieses wesentliche Dekor-Grundelement Ägyptens Bezug und widmet den verschiedenartigsten Darstellungsformen des Lotos in der Kunst des Alten Ägypten zwei Illustrations-Tafeln. (Kat. Nr. 42 – 43)

Napoleons Ägyptenfeldzug und seinen universellen Interessen ist es zu verdanken, dass die Kunst des Alten Ägypten um 1800 der Vergessenheit entrissen, wissenschaftlicher Betrachtung und Bearbeitung unterzogen wurde. Das von Napoleon in Auftrag gegebene, vielbändige Stichwerk *Description de l'É-gypte* (Kat. Nr. 36 – 37) sollte in ganz Europa eine erste Welle der „Ägyptomanie" hervorrufen, der weitere bis in unsere Tage hinein folgen sollten.

Ein kostbarstes Möbel aus der Erzabtei St. Peter, zwischen 1822 – 1828 angefertigt, als Aufbewahrungsschrank der napoleonischen *Description*-Bände konzipiert (Kat. Nr. 35), legt beredtes Zeugnis ab dafür, dass Napoleons Auftragswerk – in kürzester Zeit – bis in die Abgeschiedenheit eines Benediktiner-Klosters und dessen an neuester Forschung interessierten Abt seinen Weg fand.

Die im Kupferstichkabinett der Wiener Akademie der bildenden Künste aufbewahrte Serie von 56 Aquarellen Norbert Bittners (1786 – 1851) nach Vorlagen der ersten 5 Bände von Napoleons *Description* (Kat. Nr. 38 – 41) – in dieser Ausstellung werden 4 Aquarelle gezeigt – wurde noch nie in ihrer Gesamtheit präsentiert und stellt einen der vielen ungehobenen Schätze dieser Wiener Sammlung dar.

Lilien, insbesonders weiße Madonnenlilien, prägen die Vorstellungswelt Europas seit dem frühen Mittelalter in weltlicher und religiöser Hinsicht. Aus den Erfordernissen der Kriegsführung heraus – um Freund vom Feind unverwechselbar unterscheiden zu können – entstand die Heraldik (Abb. S. 77) in der der Lilie eine ebenso prominente Rolle eingeräumt wurde (Kat. Nr. 56 – 57), wie in der Numismatik. (Kat. Nr. 47 – 55)

Kat. Nr. 18 (Vorder- und Rückseite)

In botanischen Prachtbänden Europas, seien es Basilius Beslers *Hortus Eystettensis* von 1613 oder Pierre Vallets Garten Heinrich IV. von Frankreich aus dem Jahr 1608 durften Lilien-Darstellungen nicht fehlen. (Kat. Nr. 58 – 61) Eine selten gezeigte Kostbarkeit in der Ausstellung sind zwei Lilien-Darstellungen im IV. Band des *Hortus Botanicus* der Brüder Bauer von 1779 aus den Sammlungen des Fürsten von und zu Liechtenstein. (Kat. Nr. 62 – 63)

In der christlichen Ikonographie ist die Lilie als Symbol unbefleckter Reinheit untrennbar mit Darstellungen Mariens verbunden, bei der Verkündigung tritt Gabriel zumeist mit einer Lilie in der Linken auf (Kat. Nr. 64), bei Darstellungen der Maria mit dem Jesuskind aus der frühen Neuzeit finden sich die Lilien in prachtvollen Vasen. (Kat. Nr. 65)

Die Lilie spielt als Attribut von Heiligen, deren Lebensführung ohne Makel war, eine ebenso große Rolle. Über die Jahrhunderte sind Lilien die „treuen Begleiter" des hl. Josef (Kat. Nr. 66), des hl. Antonius von Padua (Kat. Nr. 67) und vieler weiterer Märtyrer – nicht nur in der Malerei.

Verwiesen sei gesondert, des Salzburg-Bezuges wegen, auf den hl. Vitalis von Salzburg (8. Jh.). Das Lilien-Attribut wird zurückgeführt auf ein Wunder: ein Zweifler wurde durch die aus der Grabplatte des Heiligen wachsende Lilie bekehrt. Das Grabmal des hl. Vitalis befindet sich im südlichen Querschiff der Stiftskirche von St. Peter.

Im Blüten-Reigen der Frühlingsblumen darf die Lilie nicht fehlen, und so ist sie in vielen Darstellungen der Flora, der Allegorie des Frühlings, durch ihre helle Farbigkeit eine nicht zu unterschätzende Konkurrenz in Floras Blüten-Körben. (Kat. Nr. 69)

In seinen Abhandlungen über die Bedeutung des Ornaments verweist John Ruskin darauf, dass das gute Ornament „natürliche" Wachstumsprinzipien ausdrücken muss, um Anspruch auf Schönheit zu erheben (Kat. Nr. 71 – 72). Darin unterscheidet sich John Ruskin von Zeitgenossen wie Owen Jones (Kat. Nr. 42 – 44), der in der Natur zwar eine Inspirationsquelle ersten Ranges sieht, aber bloße Naturkopie nicht als Kunst gelten lässt.

Im Österreich der Zeit unmittelbar nach dem 2. Weltkrieg war die Tischkultur, jene über längere Zeiträume aufgebaute Tradition aus Tischsitten und den in der Gesellschaft akzeptierten Regeln bezüglich der Verwendung von Gedeck und Besteck, abhanden gekommen.

In diese Zeit fällt die Image-Veränderung der Porzellan-Fabrik in Wilhelmsburg im Jahr 1958 und die Idee zur Porzellanmarke Lilien-Porzellan. Der Name war mit Bedacht gewählt und nutzte die fast unterbewusst wirkende Assoziation zu höchster Reinheit der Form. So gut wie jeder österreichische Haushalt hatte in den 60er und 70er Jahren früher oder später zumindest das eine oder andere Stück aus der Lilien-Porzellan-Erzeugung. Damit wurde Lilien-Porzellan, vor allem *Daisy Melange*, unverwechselbar zu einem Stück Nachkriegs-Österreich. (Kat. Nr. 73 – 77) Heute sind die Service von Lilien-Porzellan aus den späten 50er – 70er Jahren bereits begehrte Sammler-Objekte.

Der Gedankenkreis von der Lotuslillies-Fotoserie der deutschen Künstlerin Beate Passow schließt sich durch prachtvolle Lilien-Aufnahmen der deutschen Photographen Wilhelm Weimar und Paul Wolff von 1898 bzw. 1931. (Kat. Nr. 78 – 80)

Abb. S. 13: Kat. Nr. 11 >

Stichwort:
Lotus- oder Lilienfüße

Lotuslillies

Andrea Alexa Schnitzler-Sekyra

Viele Riten und Gebräuche aus dem „Reich der Mitte" sind aufgrund ihrer Komplexität für den Westen nur schwer nachvollziehbar. Am unverständlichsten – speziell aus westlicher Sicht – erscheint die sowohl faszinierende als auch abstoßende, tausendjährige Tradition des „Füße-Bindens". Über 30 Generationen von Frauen waren betroffen – und in der etwas abgelegenen chinesischen Provinz Yunnan sind noch immer Frauen mit gebundenen Füßen – so genannte „Lotuslillies" (Kat. Nr. 10) – in Lotusschuhen anzutreffen.
Obwohl in fast allen Provinzen des riesigen Reiches verbreitet, wurden wegen ethnischer und sozialer Barrieren nicht allen in China lebenden Frauen die Füße gebunden. Ausgehend von den kaiserlichen Palästen in der Mitte des 10. Jh.s blieb die Praxis des Füße-Bindens bis zum 17. Jh. dem Adel und den elitären oberen Gesellschaftsschichten vorbehalten. Im 18. Jh. verbreitete es sich in alle soziale Schichten und im 19. Jh., kurz vor dem endgültigen Niedergang, war es so verbreitet, dass von seiner ursprünglichen Exklusivität nichts mehr zu spüren war. Bezogen auf das ethnische Umfeld könnte man vereinfacht feststellen, dass die Tradition offiziell auf Han-Chinesinnen, benannt nach der Han-Dynastie (140 v. Chr. – 220 n. Chr.), beschränkt war. Die offensichtlichste Ausnahme unter den Han-Chinesinnen bildeten die Frauen und Töchter der sehr eigenständigen Bevölkerungsgruppe der Hakka, bekannt durch ihre festungsartigen Lehmrundbauten im Süden des Reiches.
Die Anfänge des Füße-Bindens liegen im Dunkeln, die Legenden und Mythen, Theorien und Vermutungen, die sich um die Ursprünge dieser über 1.000-jährigen Tradition ranken, sind vielfältig und phantasievoll. Erhaltene Texte belegen, dass sich bis zum 10. Jh. das Füße-Binden als literarisches und poetisches Motiv voll etabliert hatte. Im 11. Jh., nach dem Fall der Tang-Dynastie (618 – 907), begann sich die eigentliche Praxis – anfänglich aufgegriffen und ausgeführt von UnterhaltungskünstlerInnen und professionellen TänzerInnen – langsam auszubreiten. Einer mittlerweile allgemein akzeptierten Legende zufolge gaben den Anstoß dazu Prinz Li Yü, Herrscher über eines der 10 Königreiche im Süden Chinas und seine Lieblingskonkubine Yau-ning. Der Überlieferung nach ließ Prinz Li Yü, Schöngeist und Poet, seiner Yau-ning eine Bühne in der Form einer Lotusblüte errichten. Betanzt wurde diese – ebenso wie eine eigens aus Gold gefertigte, fast zwei Meter hohe, mit Perlen, Edelsteinen und seidenen Quasten verzierte Lotusblüte – auf Zehenspitzen. Um die verführerische und exotische Note des Tanzes zu unterstreichen, umwickelte die äußerst begabte Tänzerin ihre seidenen Socken mit langen schmalen Seidenbändern. Ob es sich nun bei dem Prinzen und der Tänzerin um Li Yü und Yau-ning gehandelt hat sei dahingestellt – eine Vielzahl von frühen Texten ähnlichen Inhalts belegen jedoch die folgenschwere Verquickung von Dichtung, Tanz, Erotik und modischen Akzenten.
Warum haben so viel Generationen von Müttern diese äußerst schmerzhafte Verunstaltung ihren Töchtern zugefügt?
Kulturelle und politische Entwicklungen sowie der Stellenwert von Tradition, Heirat und Status in der konfuzianisch geprägten Gesellschaft waren die wichtigsten Faktoren in der Verbrei-

tung und Aufrechterhaltung dieses Brauches. Selbst die westlichen Missionare mussten das Binden der Füße im 19. Jh. in ihren Waisenhäusern dulden, da die in ihrer Obhut lebenden Han-Mädchen ansonsten nicht verheiratbar gewesen wären.

Weshalb es sich ab dem 12. Jh. einer immer größeren Attraktivität und Verbreitung erfreute, erklärt sich aus der Stellung der Tochter innerhalb des Familienverbandes. Eigentum wurde ausschließlich durch die männliche Linie vererbt, daher erlangte die Tochter erst durch ihre Einheirat in die Familie des zukünftigen Gatten einen festen Platz in der Gesellschaft. Die Familie des Bräutigams wurde ihrerseits um ein produktives Mitglied und eine potenzielle Mutter bereichert, die Braut erhielt im Gegenzug ein Zuhause und die sozial respektierte Position der Gattin. Gesichert und anerkannt wurde sie in der Familie des Mannes jedoch erst durch die Geburt eines Sohnes.

Als in weiterer Folge die Begriffe Tugend, Mutterschaft, Bescheidenheit, Häuslichkeit und Handarbeit mit gebundenen Füßen assoziiert wurden, war deren Verbreitung nicht mehr aufzuhalten. Erschwerend für die Frauen kam noch hinzu, dass sie der konfuzianischen Frauenfeindlichkeit, speziell dem Diktat des „Dreifachen Gehorsams", unterworfen waren. Der „Dreifache Gehorsam" legte fest, dass eine Frau in ihrer Jugend ihrem Vater und ihrem älteren Bruder zu gehorchen hatte, ihrem Gatten nach der Hochzeit und ihrem Sohn nach dem Tod ihres Mannes. Polemisch ausgedrückt: Das Füße-Binden war nur eine weitere Komponente, die die untergeordnete und abhängige Position der Han-Chinesinnen festschrieb.

All diese offiziellen Erklärungen und historischen Begründungen können nicht darüber hinwegtäuschen, dass der ursächliche und wohl wichtigste Grund – über die Jahrhunderte hinweg – sexueller und erotischer Natur war. Gebundene Füße – stilisiert zum sexuellen Fetisch – wurden von chinesischen Männern mit erhöhter Liebesfähigkeit und besserem Sex assoziiert. Allgemein vertreten wurde auch die Ansicht, dass aufgrund des Bindens der Füße eine verstärkte Muskelbildung im Vaginalbereich hervorgerufen wurde. Die dadurch erzielten „wundersamen Falten", gekoppelt mit den winzigen, immer unter Bandagen und Lotus-Slippern verborgenen Füßen, verdichteten sich zu einem erotischen und ästhetischen Erlebnis.

Eine Fülle früher Darstellungen des Liebesaktes (Kat. Nr. 4 – 7) veranschaulicht die männliche Besessenheit mit den Füßen und Schuhen ihrer Gespielinnen. In Literatur (Kat. Nr. 2, 3) und Gesang verherrlichten diese „Kenner des Goldenen Lotus" die winzigen Füße; als „Lotus Liebhaber" beschrieben sie detailliert die unterschiedlichen Formen der gebundenen Füße und die damit verbundenen

Kat. Nr. 1

erotischen Praktiken. Die von der Gesellschaft zugestandene Rolle der Frau bewegte sich zwischen den Extremen der bescheidenen, unterwürfigen Frau und Mutter und einem Objekt als Projektionsfläche für erotische Phantasien und Sehnsüchte.

Das Füße-Binden hatte andererseits potente Gegner. Im späten 11. Jh., in einem der ersten Hinweise auf das Füße-Binden als angewandter Praxis, äußerte sich der Gelehrte Xu Zhi (1028 – 1103), angeblich aus moralischen und ökonomischen Gründen, dagegen. Die wohl wichtigste Opposition gegen das Binden wurde unter der Fremdherrschaft der Mandchu (Qing-Dynastie 1644 – 1911), der letzten Dynastie Chinas laut. Mittels Androhung äußerst strenger Strafen versuchte man anfänglich auf die Han-Bevölkerung Druck auszuüben. Gerade dieses Verbot hat zur vermehrten Popularität des Füße-Bindens beigetragen und die Bestimmungen mussten entsprechend gelockert werden. Um die kaiserliche Erbfolge auf die Mandchu zu beschränken wurden rigoros alle Frauen mit gebundenen Füßen aus dem kaiserlichen Harem verbannt. Schenkt man den überlieferten Gerüchten Glauben, wurden dennoch des Öfteren kunstvoll gefertigte Lotus-Slipper zwischen den kaiserlichen gelben Decken gesichtet. Da die Heirat zwischen Han-Chinesen und Mandchu einem strengen Verbot unterlag, erhielten beide Bevölkerungsgruppen ihre Identität; gebundene Füße wurden ein unverkennbares, äußeres Merkmal der Han-Kulturträger während der Mandchu-Regierung. Gegen Ende des 19. Jh.s stellten noch 90 Prozent aller Chinesinnen ihre winzigen Füße in Lotus-Slippern zur Schau. 1911 wurde das Binden offiziell verboten, aber erst durch Mao Zedong wurden im Jahr 1949 (!) auch die Mädchen abgelegener Regionen von dieser Tradition „entbunden".

Die Tortur des ersten Bindens, meist begonnen zwischen dem 5. und 7. Lebensjahr, wurde von der Mutter oder einer im Binden besonders erfahrenen Frau durchgeführt. Als einschneidendes und extrem schmerzhaftes Erlebnis markierte es die Aufnahme in die weibliche Gemeinschaft sowie den Weg eines Mädchens zur Braut. Die aus dem Binden resultierenden Schmerzen und die Bewegungseinschränkung machten es den Mädchen und Frauen beinahe unmöglich, den häuslichen Bereich ohne Hilfe zu verlassen. Da es sich nur sozial und finanziell besser gestellte Familien leisten konnten auf die zusätzliche Arbeitskraft der Ehefrau oder heranwachsenden Tochter zu verzichten, wurden gebundene Füße zum Statussymbol für Männer und für Frauen.

Generell wurde das erste Binden in den Herbst gelegt. Genauer gesagt, wurde der 24. Tag des 8. Mondmonats allgemein als besonders günstig angesehen. Die bevorstehende Winterkälte versprach überdies die größten Schmerzen der ersten Monate etwas zu betäuben. Neben Feiertagen und besonderen Festtagen erfreute sich zudem der 19. Tag des zweiten Mondmonats – Geburtstag von Kuan Yin, Göttin des Erbarmens – besonderer Beliebtheit. Chinesischen Bräuchen entsprechend wurde für die Wahl des Tages der Rat von Astrologen, Hellsehern und Wahrsagern gesucht. War der Tag festgelegt, wurden die weiblichen Verwandten und Freunde zum festlichen Anlass geladen. Das dem Binden vorausgehende Einweichen der Füße und die dafür verwendeten speziellen Zusätze unterlagen regionalen Eigenheiten und Gebräuchen, einheitlich hingegen waren die Hilfsmittel der eigentlichen Prozedur: frisch gewebte, ca. 4 m lange und 4 – 10 cm breite, weiße oder dunkelblaue Bandagen, parfümierter als auch astringierender Alaun-Puder. Weiters wurden bewährte Salben und Pflanzentoniken zur schnelleren Wundheilung und zum Erweichen der Knochen unter den Familien herumgereicht. Im ersten Jahr wurden die Zehen, mit Ausnahme der großen Zehe, nacheinander unter die Sohle gepresst. Im zweiten Jahr wurden der Vorderfuß und die Ferse zueinander hingestaucht. Diese, durch Druck und Bandagen erzwungene Umformung des Fußes hatte neben den unvorstellbaren Schmerzen eine enorme Instabilität und schwerste Durchblutungsstörungen zur Folge. Angestrebtes Ziel war eine ca. 10 cm lange, an eine ungeöffnete Lotusblüte erinnernde Form: „Goldener Lotus", auch unter dem Namen „Goldene Lilie", „Lotuslily", „Lotus-" oder „Lilienfuß"

Kat. Nr. 4, 5

Kat. Nr. 2

Kat. Nr. 12

bekannt. Die etwas größeren, moderateren Varianten nannte man „Silberner-" bzw. „Eiserner Lotus". Winzige Füße und der damit einhergehende wiegende, schleppende Gang waren schmerzhafte Meilensteine auf dem Weg zur begehrenswerten Braut. Für den Tag des ersten Bindens wurden von der Mutter aus den besten und teuersten Materialien und mit aufwendigen Stickereien versehene Schuhe angefertigt. Rote Schuhe – dem festlichen Anlass entsprechend. Ein besonderes Augenmerk in der weiteren Erziehung der Tochter wurde auf die Unterweisung in der Schuhherstellung, einer strikt weiblichen Aufgabe, und dem Unterricht in diversen Näh- und Handarbeiten gelegt. Berichten zufolge wurden zukünftige Bräute tatsächlich an der Größe ihrer Lotus-Schuhe und deren künstlerischen Ausführung beurteilt. In den dargestellten Symbolen fanden persönliche und kollektive Wünsche ihren künstlerischen Ausdruck. Besondere Sorgfalt wurde auf die Hochzeitsschuhe gelegt. Dem Bräutigam wurden am Abend der Hochzeit oftmals sockenartige Schlafschuhe, hergestellt aus rotem oder grünem Satin, zum Geschenk übergeben. Da das „Übergeben von Schuhen" dem „Übergeben von Harmonie" entsprach, wurden Lotus-Schuhe als Kommunikator eingesetzt. Gebildete Töchter drückten sich durch Briefe und Poesie aus, im Schreiben unkundige Frauen kommunizierten durch die kunstvoll gefertigten Schuhe die sie trugen und die sie verschenkten.

Erst gegen Mitte des 18. Jh.s begann man aufgrund verstärkter Handelskontakte und der stetig zunehmenden Zahl von westlichen Missionaren, die Tradition des Füße-Bindens zu überdenken. Chinesische Diplomaten, Gelehrte und Künstler, sowie einflussreiche, gebildete Chinesen sprachen sich öffentlich gegen diese verstümmelnde Tradition aus. Unterstützt und teilweise angeführt von westlichen, in China lebenden Frauen formierte sich am Ende des 19. Jh.s eine stetig wachsende Opposition.

1912, nach dem Fall der Qing-Dynastie, wurde das Füße-Binden landesweit verboten, in manchen entlegenen Provinzen wurde es allerdings noch etliche Jahre nach Mao Zedongs Machtübernahme 1949 praktiziert. Selbstverständlich und selbstbewusst präsentieren sich die letzten Han-Chinesinnen mit gebundenen Füßen den Photographen. (Kat. Nr. 10) Mit ihnen geht eine facettenreiche, über tausendjährige Tradition zu Ende.

Literatur:

Hong Fan, *Footbinding, Feminism, and Freedom: The Liberation of Women's Bodies in Modern China*, London 1997 • B. Jackson, *Splendid Slippers, A Thousand Years Of An Erotic Tradition*, Berkeley/CA 2000 • D. Y. Ko, Ausst.-Kat. *Every Step a Lotus, Shoes for Bound Feet*, The Bata Shoe Museum, Toronto 2001 • D. Y. Ko, The Body As Attire, The Shifting Meanings of Footbinding in Seventeenth-Century China, in: *Journal of Women's History*, Vol. 8, No. 4 • B. Passow, Ausst.-Kat. *Lotuslillies*, Städtische Kunstsammlungen Augsburg, Neue Galerie im Höhmannhaus, Augsburg 2003 • B. Passow, Kai Strittmatter, *Die letzten Lotusblüten*, in: Süddeutsche Zeitung Magazin, Nr. 2, 2003, S. 4 – 9; dass., in: Tages-Anzeiger, Das Magazin, Nr. 3, 2003, S. 30 – 36.

Kat. Nr. 1 Abb. S. 15
Lesende Dame mit Dienerin, China, Qing-Zeit, Periode Kangxi (1662 – 1722), um 1700
Kolorierter Holzschnitt auf Papier, auf Leinwand kaschiert, auf Holzrahmen gespannt, Rand mit rotem Papierstreifen umklebt, Höhe 81 cm, Breite 59,4 cm
bezeichnet: *31*
Herzog Anton Ulrich-Museum Braunschweig. Kunstmuseum des Landes Niedersachsen, Inv. Nr. OA Ma. 15

Auf einem schwarzen Lacksessel mit Perlmutt-Einlagen sitzt eine Dame in plissiertem Rock und liest, das Buch in der linken Hand haltend. Fragend zur Lesenden aufblickend, sitzt eine Dienerin am Boden, vor einer geöffneten Bücherkassette. Der kolorierte Holzschnitt gehört zu einer Serie von 7 Darstellungen (siehe auch Kat. Nr. 14), in denen elegante, gebildete Damen bei verschiedenen Beschäftigungen dargestellt werden, wobei deren kleine Lotus-Füße jeweils durch die weiten, langen Gewänder verdeckt sind.

RJ

Literatur:
E. Ströber, Sammlungs-Kat. *Ostasiatika*, Herzog Anton Ulrich-Museum, Braunschweig 2002, S. 146 – 147, Abb. S. 147.

Kat. Nr. 2 und 3
Pu Songling (1640 – 1715)
Liaozhai zhiyi (*Wundersame Geschichten aus dem Studio eines Müßiggängers*)*

Sammelband von Erzählungen, fertig gestellt 1679
Faltbuch, Beijing/China, 19. Jh., mit 12 Illustrationen, Farbmalerei auf Seide, Höhe 25 cm, Breite 20 cm
Das vorliegende Buch enthält zwei Erzählungen aus Pu Songlings Sammelband: „Xiangyu" und „Da Nan"
MAK – Österreichisches Museum für angewandte Kunst / Gegenwartskunst, Wien, Inv. Nr. K.I. 11.191

Kat. Nr. 3

Pu Songlings Erzählungen *Liaozhai zhiyi* sind von besonderer Bedeutung in der Entwicklung der schriftsprachlichen Novelle Chinas. Bis 50 Jahre nach dem Tod Pu Songlings 1715 kursierten seine Geschichten lediglich als kopierte Manuskripte, die erste Drucklegung von 431 Erzählungen erfolgte 1766. 1948 wurde ein eigenhändiges Manuskript von Pu Songling gefunden – die erste Gesamtausgabe mit ca. 570 Geschichten erfolgte 1962.

Kat. Nr. 11

Die gezeigten Illustrationen zeigen zwei Szenen aus der Erzählung „Xiangyu".

Ein Gelehrter namens Huang arbeitete im auf dem Berg Lao gelegenen Xiaqing-Tempel, in dessen Tempelbezirk Kamelien und Päonien prachtvollst blühten.

Eines Tages erblickte Huang im Garten ein weiß gekleidetes, schönes Mädchen, in der Folge sah er sie wiederholt in Begleitung einer rotgewandeten Freundin. Als Huang sich den beiden Mädchen zu nähern versuchte, entflohen sie. Unsterblich in die Weißgekleidete verliebt, verfasste Huang ein Gedicht, kurz danach trat das Mädchen in seine Studier-Stube ein und stellte sich als Xiangyu vor; außerdem verriet sie ihm den Namen ihrer Freundin, Jiangxue.

Kat. Nr. 8

Huang und Xiangyu verbrachten eine erste Liebesnacht und in der Folge weitere Nächte miteinander bis Xiangyu Huang eines Tages mitteilte, sie müsse ihn verlassen.

Am darauffolgenden Tag kam ein Mann in den Tempel, sah eine herrliche weiße Päonie, grub die gesamte Pflanze mit den Wurzeln aus und nahm sie mit – die Pflanze verdorrte an ihrem neuen Standort. Huang begriff plötzlich, dass er sich in eine Blumen-Nymphe, die in der Päonie beheimatet war, verliebt hatte und verfiel in Melancholie. Tags darauf traf er die rotgewandete Jiangxue trauernd an jener Stelle, an der die Päonie gestanden hatte. Huang erklärte ihr seine Zuneigung und erläuterte ihr, dass er sie beide von Herzen liebe. Jiangxue leistete Huang in der Folge Gesellschaft, bestand aber auf einer „platonischen" Liebe.

Zum Neujahrsfest ging Huang in seinen Heimatort – wachte jedoch in der Nacht durch einen Traum auf, in dem ihm Jiangxue anflehte, ihr zu helfen, sattelte umgehend sein Pferd und ritt zum Tempel zurück. Angekommen stellte er fest, dass Arbeiter eben damit beschäftigt waren, eine Kamelie zu fällen; Huang verhinderte dies und machte Jiangxue des Nachts, als sie sich bei ihm für ihre Rettung bedankte, Vorwürfe, da sie ihm nicht mitgeteilt hatte, von welcher Blume sie die Nymphe war.

Einige Zeit später informierte ihn Jiangxue (Kat. Nr. 2), dass der Gott der Blumen – bewegt durch die große Liebe von Huang und Xiangyu – dieser ein zweites Leben zu schenken gewillt war.

Xiangyu begann ihr zweites Leben vorerst als ätherisches Wesen (Kat. Nr. 3) in einer neu heranwachsenden Päonie. Sobald diese zum ersten Mal erblühte waren Huang und Xiangyu wieder vereint.

Mehr als 10 Jahre später starb Huang, wurde neben seinen beiden Blumen-Nymphen begraben und entwickelte sich zu einem großen, blütenlosen Strauch. Als dieser eines Tages gefällt wurde, starben auch die den Strauch flankierenden Kamelie und Päonie.

RJ

Literatur:
* Für die Unterstützung hinsichtlich der bibliographischen Angaben danke ich Frau Dr. Renate Stephan-Bahle, Bayerische Staatsbibliothek, München.
„Strange Tales of Liaozhai", Hongkong 1982 (*Xiangyu* – Übersetzung von Lu Yunzhong) • *The Indiana Companion to traditional Chinese Literature*, Hg. W. H. Nienhauser, Taipeh 1986, S. 563 – 565 • H. Schmidt-Glintzer, *Geschichte der Chinesischen Literatur*, Bern/München/Wien 1990, S. 464 – 466.

Kat. Nr. 2 Abb. S. 18

Illustration aus der Erzählung *Xiangyu*: Die rotgewandete Blumen-Nymphe Jiangxue informiert den Gelehrten Huang, dass dessen Geliebte, der Blumen-Nymphe Xiangyu, vom Blumen-Gott ein zweites Leben geschenkt wird. Leichtfüßig steht Jiangxue an der Treppe des Hauses, die zum Garten führt. Sie trägt rote spitze Schuhe. Chinesinnen bevorzugten bei der Farbwahl ihrer Schuhe die Farbe Rot – sowohl im Alltag, als auch zu festlichen Anlässen – und entsprachen damit dem schriftlich im *Li Chi* (*Buch der Riten*) bereits 300 v. Chr. festgelegten Farb-Code, demzufolge bei Feierlichkeiten wie Hochzeiten, dem Neujahrs-Fest, etc., Rot zu tragen war.

RJ

Kat. Nr. 44

Literatur:
B. Jackson, *Splendid Slippers – A Thousand Years of an Erotic Tradition*, Berkeley/CA, 1997 und 2000, S. 50 – 52 (Shoe Colors).

Kat. Nr. 3 Abb S. 19

Illustration aus der Erzählung *Xiangyu*: Die weißgewandete Xiangyu erscheint dem Gelehrten Huang in einem Wolkengebilde als ätherisches Wesen, das über der schnell heranwachsenden Päonie in der Luft schwebt und sich im Gespräch, in Schrittstellung und nach vorne gebeugt, Huang zuneigt. Auch Xiangyu trägt zierliche rote Schuhe.

RJ

Kat. Nr. 4 – 7

Im Herzog Anton Ulrich-Museum Braunschweig haben sich insgesamt 15 chinesische Kästchen mit versteckter erotischer Szene aus der Qing-Zeit (1644 – 1911), 18. Jh., erhalten.

Diese Kästchen bestehen aus zwei Holzplatten, die durch einen Rahmen aus mehreren Lagen gepresster Pappe zusammengehalten werden. Der Rahmen selbst ist mit Papier und Brokat beklebt. Die Holzplatten sind bemalt und mit aufgeklebten, ebenfalls bemalten Steatit (= Speckstein)-Schnitzereien versehen.

Die vordere Holzplatte, mit einer unverfänglichen Alltags-Szene versehen, kann nach oben aus dem Rahmen geschoben werden und enthüllt somit die dahinter befindliche, erotische Darstellung.

In den Liebes-Szenen sind die schlanken Damen nackt, in Kat. Nr. 5 lediglich mit einem kostbaren Brust-Tuch bekleidet. Deutlich erkennbar sind in allen gezeigten Szenen die zierlichen Lotos-Füße der Damen in roten Schuhen. Der obere Teil des Fußes wird durch einen weichfallenden, hellen, mit einem bunten Band am oberen Rand fixierten Stoff verdeckt. Der Unterschied in der Fußgröße von Dame und Herr ist in allen 4 präsentierten Liebes-Szenen deutlich erkennbar.

RJ

Literatur:
E. Stöber, Sammlungs-Kat. *Ostasiatika*, Herzog Anton Ulrich-Museum, Braunschweig 2002, S. 300 – 301.

Kat. Nr. 4 Abb. S. 17 links
Kästchen mit versteckter erotischer Szene, China, Qing-Zeit (1644 – 1911), 18. Jh.
Holz, Steatit mit partieller farbiger Fassung, Pappe, Papier, Seide; Höhe: 2,8 cm, Breite: 19,1 cm, Tiefe: 25,4 cm
bezeichnet: *640*
Herzog Anton Ulrich-Museum Braunschweig. Kunstmuseum des Landes Niedersachsen, Inv. Nr. Ste 76

Die Deckplatte zeigt einen Reiter mit ihm folgenden, Gepäck tragenden Diener. Die Liebes-Szene findet in einem zum Garten hin offenen Pavillon statt.

RJ

Literatur:
E. Stöber, Sammlungs-Kat. *Ostasiatika*, Herzog Anton Ulrich-Museum, Braunschweig 2002, S. 300 – 301, Abb. S. 301.

Kat. Nr. 5 Abb. S. 17 rechts
Kästchen mit versteckter erotischer Szene, China, Qing-Zeit (1644 – 1911), 18. Jh.
Holz, Steatit mit partieller farbiger Fassung, Pappe, Papier, Seide; Höhe: 2,8 cm, Breite: 19,1 cm, Tiefe: 25,4 cm
bezeichnet: *639*
Herzog Anton Ulrich-Museum Braunschweig. Kunstmuseum des Landes Niedersachsen, Inv. Nr. Ste 78

Während die Deckplatte vier Personen in einem Innenraum zeigt, befindet sich das Liebespaar auf einer offenen Terrasse mit einem Tisch und einem auf einer Schaukel sitzenden Vogel.
Die Dame trägt ein eng anliegendes Brusttuch und greift mit beiden Händen ins offene Haar, der Kopf des Herrn liegt auf einer Nackenrolle, auf der das Zeichen „shou", gleichbedeutend mit „langem Leben", zu sehen ist.

RJ

Literatur:
E. Stöber, Sammlungs-Kat. *Ostasiatika*, Herzog Anton Ulrich-Museum, Braunschweig 2002, S. 303, Abb. S. 302.

Kat. Nr. 6 Abb. S. 23 links
Kästchen mit versteckter erotischer Szene, China, Qing-Zeit (1644 – 1911), 18. Jh.
Holz, Steatit mit partieller farbiger Fassung, Pappe, Papier, Seide; Höhe: 1,9 cm, Breite: 12,8 cm, Tiefe: 18,3 cm
bezeichnet: *643*
Herzog Anton Ulrich-Museum Braunschweig. Kunstmuseum des Landes Niedersachsen, Inv. Nr. Ste 80

Die Deckplatte des Kästchens zeigt einen hinter einer stehenden Dame knienden Herrn, der diese mit beiden Armen umfängt, während die Dame gestikulierend mit dem rechten Arm nach oben deutet. Die Szene spielt auf einem zum Garten hin offenen Podest.
Die beiden Liebenden der erotischen Szene darunter befinden sich in einem, von einer durchbrochenen Mauer eingegrenzten Garten unter einem Paulownia-Baum. Beide tragen rote Schuhe.

RJ

Literatur:
E. Stöber, Sammlungs-Kat. *Ostasiatika*, Herzog Anton Ulrich-Museum, Braunschweig 2002, S. 303, Abb. S. 303.

Kat. Nr. 6, 7

Kat. Nr. 9

Kat. Nr. 7 Abb. S. 23 rechts
Kästchen mit versteckter erotischer Szene, China, Qing-Zeit (1644 – 1911), 18. Jh.
Holz, Steatit mit partieller farbiger Fassung, Pappe, Papier, Seide; Höhe: 1,9 cm, Breite: 17,3 cm, Tiefe: 22,5 cm
bezeichnet: *633*
Herzog Anton Ulrich-Museum Braunschweig. Kunstmuseum des Landes Niedersachsen, Inv. Nr. Ste 89

Auf der vorderen Platte sieht man einen Herrn, der vor einer ihm zugeneigten, stehenden Dame kniet.
Im Inneren des Kästchens wendet sich eine auf einer Terrasse stehende, ein rotes Tuch in ihrer Linken haltende Dame von einem Herrn ab. Dieser kniet mit flehentlich erhobenen Armen und blickt zur Dame, die mit dem Rücken zu ihm steht, diesem jedoch ihr Gesicht zuwendet.
Neben dem Charme, den die Auseinandersetzung des Paares über die Jahrhunderte hinweg ausstrahlt, ist an dieser Darstellung bemerkenswert, dass nicht nur die Dame in ihren roten Schuhen gezeigt wird, sondern dass auch der Herr rote Schuhe trägt; der Unterschied in der Fußgröße von Mann und Frau ist bei diesem Kästchen besonders markant.

RJ

Literatur:
E. Stöber, Sammlungs-Kat. *Ostasiatika*, Herzog Anton Ulrich-Museum, Braunschweig 2002, S. 306 – 307, Abb. S. 306.

Kat. Nr. 8 und 9
Die Vielfalt der chinesischen Objekte des 17./18. Jh.s in Lotosblüten-Form sei an zwei besonders exquisiten Steinschneide-Arbeiten dargelegt.

RJ

Kat. Nr. 8 Abb. S. 20
Vase in Form einer Lotospflanze, China, 17. Jh.
Nephrit, Höhe 7,5 cm
MAK – Österreichisches Museum für angewandte Kunst / Gegenwartskunst, Wien, Inv. Nr. Pl 733/1948

Kat. Nr. 9 Abb. S. 24
Schale in Form eines Lotosblattes, China, 18. Jh.
Achat, Höhe 5 cm
MAK – Österreichisches Museum für angewandte Kunst / Gegenwartskunst, Wien, Inv. Nr. LHG 18

Beate Passow – Lotuslillies

Gerhard Kölsch

Als Beate Passow (geb. 1945 in Stadtoldendorf/Kreis Holzminden) im Jahr 2000 in die chinesische Provinz Yunnan reiste, konnte sie dort noch auf einige Frauen aus der letzten Generation von Chinesinnen mit gebundenen Füßen treffen. Bereits um 1900 war das alte Ideal vereinzelt in Kritik geraten und 1902 erließ die Kaiserinwitwe Ci Xi ein Edikt, um die Lilienfüße abzuschaffen; doch erst unter Mao und im Zeichen der kommunistischen Kulturrevolution machte man der feudalen Sitte den Garaus: *„Schneidet die Zöpfe ab, kürzt die langen Gewänder und setzt die Füße frei!"*. Die Frauen sollten arbeitend für den Kommunismus mitkämpfen, und ungebundene Füße wurden ein Signum der Menschenwürde. Die von Beate Passow photographierten, heute hochbetagten Frauen repräsentieren somit nicht nur eine alte, kulturelle und gesellschaftliche Tradition kurz vor ihrem Verschwinden, sondern implizieren gleichermaßen zweifach durchlebtes, persönliches Leid: Die schmerzhafte Prozedur des frühkindlichen Füßebindens ebenso wie die spätere Ächtung unter einem Regime, das im Zeichen einer utopischen Zukunft mit den Traditionen des Landes brach. In der Serie der „Lotuslillies"

Kat. Nr. 10

(Kat. Nr. 10) hat Beate Passow also wiederum *„den Finger in die Wunden der Erinnerung gelegt"* (Helmut Friedel) – allerdings auf jene ebenso einfühlsame, wie ästhetisch streng formalisierte Art und Weise, die bereits ihre früheren, gesellschaftlich weit offensiver engagierten Arbeiten auszeichnet: *„Der politische Inhalt ergibt sich ganz von alleine, weil er aus den Themen resultiert, die mich am meisten beschäftigen (...). Das Kunstwerk ist mir letztlich immer wichtiger als die Botschaft."*

Die Photographin nähert sich dem vielschichtigen Thema also mit Vorsicht und Respekt, respektiert die vorgefundene Situation und das Verhalten ihrer Modelle, und entwickelt eine Serie von ganz eigenem Rhythmus der Erzählung. Die einzelnen Aufnahmen dokumentieren keineswegs die Spuren von Unterdrückung, Schmerz und Gewalt, sondern lassen, ganz im Gegenteil, in sich ruhende Menschen erkennen, als wären sich die alten Damen stets ihrer einstmals privilegierten Stellung und ihrer legendären erotischen Ausstrahlung bewusst. Die Photoserie fällt hierbei durch eine präzise ausgerichtete Ästhetik, durch straffe Kompositionen und die meist kraftvollen, kontrastreichen Farben auf. Die meisten Modelle bewegen sich in einem authentisch anmutenden Umfeld, in chinesisch eingerichteten Räumen, in der Lobby oder am Pool eines modernen Hotels oder bei sportlicher Betätigung auf einem freien Platz. Nur hier und da wirken die Frauen nach einem Muster arrangiert, das die westliche Kunstgeschichte zu zitieren scheint: halb lässig auf einer Bank sitzend, wie eine verführerische Odaliske, oder in einer halbdunklen, weiten Halle – samt Stilleben im Vordergrund – still beschäftigt, als wären sie einem niederländischen Genregemälde entsprungen. Der immer ruhige und aufmerksame Blick der Photographin kennt jedoch weder das moralische Urteil westlicher Vernunft (das zudem wenig angemessen erschiene, kennen doch auch wir modische-fetischistische Deformationen vom engen Korsett unserer Urgroßmütter bis zu den High-Heels und Piercings der eigenen Generation), noch sucht sie pittoreske Exotismen und missbraucht das Fremde und Ungewöhnliche zur Befriedigung voyeuristischer Neugierde. Dennoch reicht Beate Passows beobachtender Ansatz weit über den einer bloßen Dokumentation hinaus. Es geht um Erinnerungsstrukturen und um die Simultanität des Ungleichzeitigen: *„Die Gleichzeitigkeit im jetzigen China hat mich fasziniert, also die 1000-jährige Tradition des Füßebindens. Die jüngste Frau war 63 und konnte nicht lesen und schreiben, wie alle – gleichzeitig konnte ich in meinem Hotel in Yunnan, in der tiefsten Provinz, meine E-mails abrufen."* In der Serie der „Lotuslillies" erhält das Abbild der Realität, ähnlich wie bei Christian Boltansky, einen emotionalen Hintergrund, der dem Betrachter die Fiktion individueller Geschichte vermittelt. Im Zusammenklang mit der jeweiligen Umgebung gewinnen die abgelichteten Modelle eine neue Wirklichkeit, wie sie beispielsweise auch den Photographien römischer Adelsfamilien von Patrick Faigenbaum eigen ist. Das Individuum wird zum Repräsentanten einer zeit- und raumübergreifenden Tradition, und lässt den Betrachter für einen Moment an dieser partizipieren.

Literatur:

C. Kerner, Lilienfüße oder: Sind wir Hyperchinesen? in: M. Andritzky, *Z.B. Schuhe, Vom bloßen Fuß zum Stöckelschuh, Eine Kulturgeschichte der Fußbekleidung,* Gießen 1988, S. 210 – 213 • P. Weiermair, *Das Portrait in der zeitgenössischen Photographie,* Zürich 1989 (zu Patrick Faigenbaum) • B. Passow, Nicht Vergangenheitsbewältigung, sondern Gegenwartsbewältigung, Ein Gespräch von Alexander Braun, in: *Kunstforum,* Bd. 132, 1995, S. 290 – 301 • D. Y. Ko, *Every step a lotus, Shoes for bound feet,* Ausst.-Kat. The Bata Shoe Museum, Toronto 2001 • B. Passow, *Lotuslillies,* Katalog Städtische Kunstsammlungen Augsburg, Neue Galerie im Höhmannhaus, Augsburg 2003 • B. Passow, K. Strittmatter, Die letzten Lotusblüten, in: Süddeutsche Zeitung Magazin, Nr. 2, 2003, S. 4 – 9; dass., in: Tages-Anzeiger, Das Magazin, Nr. 3, 2003, S. 30 – 36 • S. Balthasar, Die kleinen Füße der Frauen – Altes Schönheitsideal in China und Japan, Deutschland Radio Berlin, 28.4.2004, Text unter: http://www.dradio.de/dlr/sendungen/merkmal/145643 (28.11.2004).

Kat. Nr. 10

Kat. Nr. 10 >

Kat. Nr. 10   Abb. S. 25, 26, 27
Beate Passow, „Lotuslillies", Serie von Photographien, Provinz Yunnan/China, 2000
Große Photos: 122 x 143 cm, Kleine Photos: 32 x 26 cm
Besitz: Beate Passow, München

Kat. Nr. 11   Abb. S. 13, 19, 28, 29
Schuh-Kasten und Schuhe für Lotos-Füße
Besitz: Beate Passow, München
Einige der ausgestellten Schuh-Paare wurden von den von Beate Passow porträtierten Damen getragen und der Künstlerin nachträglich zum Geschenk gemacht.

Kat. Nr. 12   Abb. S. 18
Schuhe für Lotos-Füße, mit Zier-Textilie zum Verdecken des oberen Teiles des Fußes, China, 19. Jh.
MAK – Österreichisches Museum für angewandte Kunst / Gegenwartskunst, Wien, Inv. Nr. Or 53

Kat. Nr. 11

Kat. Nr. 11

Abb. S. 31: Kat. Nr. 22 (Detail) >

Stichwort:
Lotus / Lotos

Chinesisches Porzellan mit Lotos-Dekor

Friederike Ulrichs

Die Lotosblume findet sich schon auf den ältesten erhaltenen Keramiken und Porzellanen aus China. In der Song- und Yuan-Zeit wurde der Lotosdekor in den Scherben eingraviert und mit einer weißen, hellblauen oder -grünen, an Jade erinnernden Glasur überzogen. Der Lotosteich ist besonders auf polychrom glasierten Porzellanen ein häufiges Thema.

Die Darstellung von Lotosknospen, -blüten und -blättern, die sich über einer Wasserfläche erheben, verweisen deutlich auf die Bedeutung des Lotos als Sinnbild des Buddhismus und der reinen Lehre. So wie die vollkommen schöne und makellose Blüte aus dem trüben Wasser wächst, kann der Gläubige aus den Niederungen seines irdischen Daseins die reine Erkenntnis erlangen. Darüber hinaus dient die Lotosblüte Buddha und Bodhisatvas als Thron. Lotos symbolisiert auch in einem allgemeineren Sinn Reinheit und Schönheit sowie – als eine Blume der vier Jahreszeiten – den Sommer.

Der Lotos-Teller aus der ostasiatischen Porzellansammlung der Residenz München wurde, wie die meisten Stücke der Sammlung, von den bayerischen Kurfürsten in der Zeit der europäischen Chinamode zwischen etwa 1650 und 1750 erworben. Er ist in den Farben der „Famille verte" in Grün, Rot, Gelb und Schwarz bemalt (Kat. Nr. 13). Als „Famille verte" wird eine bestimmte chinesische Farbpalette bezeichnet, in der Grün dominiert. Die Herstellungszeit des Tellers liegt in der frühen Regierungszeit des Kaisers Kangxi (1662 – 1722). Schon in dieser Zeit wurde chinesisches Porzellan massenhaft nach Europa verkauft, vorwiegend über die niederländische Ostindische Handelskompanie.

Der glasierte Tellerboden trägt eine unterglasurblaue Marke in einem Doppelring: ein Artemisiablatt, eines der so genannten acht Symbole der Gelehrten. In der zweiten Hälfte des 17. Jh.s bezeichneten die chinesischen Manufakturen ihre Produkte häufig mit solchen Symbolmarken. Der Standring ist mit einer breiten Rille versehen, eine Besonderheit, die bei chinesischem Porzellan zwischen 1650 und 1680 auftritt.

Eine zierliche Kuriosität sind die Porzellane mit Lotosbemalung und kleinen Lotosknospen als Füßchen (Kat. Nr. 15 – 18) aus den Sammlungen der Residenz München und des MAK in Wien. Sie stammen aus der frühen Qianlong-Zeit (ca. 1735 – 1750) und sind in den Farben der „Famil-

Kat. Nr. 13

Kat. Nr. 13
Tellerboden

le rose" bemalt. Diese wurden erst in den 1720er Jahren für die Porzellandekoration entdeckt. In China werden sie „fen cai" (Puderfarben), „ruan cai" (sanfte Farben) oder „yang cai" (fremde Farben) genannt. Der europäische Begriff „Famille rose" stammt ebenso wie die Bezeichnung „Famille verte" aus dem 19. Jh. Man vermutete sogar, dass die rosa Glasur erstmals in Meißen hergestellt wurde und von dort nach China gelangte. Dies lässt sich aber nach neueren Erkenntnissen nicht belegen. Neben der Glasurfarbe Rosa wurde erstmals opakes Weiß verwendet, das sowohl allein als auch in Verbindung mit anderen Farben auftritt und für den puderigen Pastellton der Farben der „Famille rose" sorgt.

Die runden Behälter des Ensembles wie Teekanne (Kat. Nr. 15), Schale (Kat. Nr. 18) und Tassen (Kat. Nr. 16 – 17) sind an der Außenseite wie eine halb geöffnete, hellrosa Lotosblüte gestaltet; die Blattadern der Blüte sind in dunklerem Rosa fein gezeichnet. Die Blütenblätter werden von kleinen, außen applizierten Knospen und Samenstengeln umfangen. Die flachen Schalen und Untertassen in der Form ovaler oder runder Lotosblätter zeigen im Spiegel das bekannte Motiv des Lotosteichs (Kat. Nr. 16, 17 – Unterteller der Tassen und Kat. Nr. 18 – Schale). Funktionale und dekorative Form wurden spielerisch miteinander verwoben. Genau diese Art von raffinierter und phantasievoller Porzellandekoration in Verbindung mit zarten Pastellfarben wie Rosa, Gelb, Türkis oder Hellgrün wurde in der Zeit des europäischen Rokoko hoch geschätzt.

Der Lotos wird durch seine Symbolisierung von vollendeter, reiner Schönheit in China dem weiblichen Prinzip Yin zugeordnet, dem das männliche Prinzip Yang gegenübersteht. Entsprechend könnte man sich das Lotos-Ensemble im „Famille rose"-Stil mit seinen zierlichen Formen und pastelligen Farben als Tee-Solitär einer adligen Dame vorstellen oder als Dekoration ihres Appartements.

Die europäischen Formen wie die Henkeltasse weisen darauf hin, dass dieses Porzellan speziell für den Export hergestellt wurde, obwohl die rosa Farbskala auch in China – besonders unter Kaiser Qianlong (reg. 1736 – 1795) – sehr beliebt war.

Kat. Nr. 16

Literatur:

F. Reichel, *Die Porzellansammlung Augusts des Starken. Porzellankunst aus China – Die Rosa Familie*, Ausst.-Kat. Staatliche Kunstsammlungen Dresden, Dresden 1993 • R. Krahl, Plant Motifs of Chinese Porcelain. Examples from the Topkapi Saray Identified through the *Bencao Gangmu*, Part I, in: Chinese Ceramics. Selected articles from *Orientations* 1982 – 1998, S. 138 – 151 • R. Kerr, What were the Origins of Chinese Famille Rose, in: *Orientations*, Vol. 31, No. 5, Mai 2000, S. 53 – 59 • E. Ströber, „La maladie de porcelaine...". *Ostasiatisches Porzellan aus der Sammlung Augusts des Starken*, Ausst.-Kat. Staatliche Kunstsammlungen Dresden / Porzellansammlung, Leipzig 2001.

Kat. Nr. 16

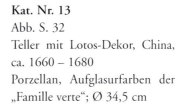

Kat. Nr. 13
Abb. S. 32
Teller mit Lotos-Dekor, China, ca. 1660 – 1680
Porzellan, Aufglasurfarben der „Famille verte"; Ø 34,5 cm

Kat. Nr. 15

Kat. Nr. 17

Kat. Nr. 17

Bayerische Verwaltung der staatlichen Schlösser, Gärten und Seen,
Residenz München, Ostasiensammlung, Inv. Nr. 103

Der Lotos-Teller ist in den Farben der „Famille verte" in Grün, Rot, Gelb und Schwarz bemalt. Der glasierte Tellerboden trägt eine unterglasurblaue Marke in einem Doppelring, ein Artemisiablatt. Die Herstellungszeit des Tellers liegt in der frühen Regierungszeit des Kaisers Kangxi (1662 – 1722); der Standring des Tellers ist mit einer breiten Rille versehen, eine Besonderheit, die bei chinesischem Porzellan zwischen 1650 und 1680 auftritt.

FU

Kat. Nr. 14 Abb. S. 35
Dame beim Zitherspiel, China, Periode Kangxi (1662 – 1722), um 1700
Kolorierter Holzschnitt auf Papier, auf Leinwand kaschiert, auf Holzrahmen gespannt, Rand mit rotem Papierstreifen umklebt; 81 x 59,4 cm
bezeichnet: *29*
Herzog Anton Ulrich-Museum Braunschweig. Kunstmuseum des Landes Niedersachsen, Inv. Nr. OA Mal 20

Eine Dame, auf einem Wurzelholz-Sessel sitzend, spielt mit anmutigen Bewegungen eine Zither (chin. qin), dem bevorzugten Instrument chinesischer Gelehrter.
Eine stehende, sich leicht zur Zitherspielerin neigende Dienerin reicht dieser auf einem runden Tablett eine Tasse Tee.

RJ

Literatur:
E. Ströber, Sammlungs-Kat. *Ostasiatika*, Herzog Anton Ulrich-Museum, Braunschweig 2002, S. 149 – 150, Abb. S. 149.

Kat. Nr. 15 – 18
Erstmals werden in einer Ausstellung Porzellane der „Famille rose" aus den Sammlungen der Residenz München und des MAK – Österreichischen Museum für angewandte Kunst / Gegenwartskunst, Wien, als Ensemble präsentiert.
In der chinesischen Porzellandekoration finden sich die Farben der „Famille rose" (der Begriff stammt aus dem 19. Jh.) ab den 1720-er Jahren. Neben der Glasurfarbe Rosa wurde erstmals opakes Weiß verwendet, das sowohl allein als auch in Verbindung mit anderen Farben auftritt und für den puderigen Pastellton der Farben der „Famille rose" sorgt.
Die runden Behälter des Ensembles sind an der Außenseite wie eine halb geöffnete, hellrosa Lotosblüte gestaltet; die Blattadern der Blüte sind in dunklerem Rosa fein gezeichnet. Die Blütenblätter werden von kleinen, außen applizierten Knospen und Samenstengeln umfangen.
Die flachen Schalen und Untertassen in der Form ovaler oder runder Lotosblätter zeigen im Spiegel das Motiv des Lotosteichs. Ein Teil der Objekte steht auf zierlichen, vegetabil gestalteten Füßchen.

FU

Kat. Nr. 15 Abb. S. 34
Teekanne in Form einer Lotosblüte, China, Qing-Dynastie, Periode Qianlong (1736 – 1795)
Porzellan mit Bemalung unter der Glasur in den Farben der „Famille rose", Höhe: 14 cm
MAK – Österreichisches Museum für angewandte Kunst / Gegenwartskunst, Wien, Inv. Nr. Or 0756

Kat. Nr. 16 Abb. S. 33
Schale mit Untertasse, China, Qing-Dynastie, Periode Qianlong (1736 – 1795)
Porzellan mit Bemalung in Emailfarben,
Schale: Ø 14 cm, Untertasse: Ø19 cm
MAK – Österreichisches Museum für angewandte Kunst / Gegenwartskunst, Wien, Inv. Nr. Ke 08918

Kat. Nr. 14

Kat. Nr. 17 Abb. S. 34
Tasse und Untertasse mit Lotos-Dekor, China, ca. 1735 – 1750
Porzellan, Aufglasurfarben der „Famille rose", Tasse: Ø 6,3 cm, Höhe 7 cm, Untertasse: Ø 13 cm, Höhe 3 cm
Bayerische Verwaltung der staatlichen Schlösser, Gärten und Seen,
Residenz München, Ostasiensammlung, Inv. Nr. 349 – 350

Kat. Nr. 18 Abb. S. 11
Schale mit Lotos-Dekor, China, ca. 1735 – 1750
Porzellan, Aufglasurfarben der „Famille rose", Maße: 13,5 x 8,5 x 3 cm
Bayerische Verwaltung der staatlichen Schlösser, Gärten und Seen,
Residenz München, Ostasiensammlung, Inv. Nr. 348

Die Lotusblüte – Ein buddhistisches Symbol und seine Legende

Peter Lechenauer

Als Prinz Gautama Siddharta geboren wurde, wuchsen Lotusblüten aus seinen ersten Fußabdrücken am Boden. Buddha, d.h. der Erleuchtete, wird auf einem Lotusthron abgebildet. Das von den Tibetern täglich rezitierte Mantra *„OM MANI PADME HUM"* wird oft mit *„O Juwel in der Lotusblüte"* übersetzt. Das *Lotussutra* (Kat. Nr. 23) ist eines der grundlegenden buddhistischen Lehrbücher. Der Lotus ist eines der acht Glückssymbole des tibetischen Buddhismus.

Wofür steht das Symbol der Lotusblüte in der buddhistischen Philosophie und Ikonographie?

Zu allererst gilt die Lotusblume als Symbol der Reinheit, da die Pflanze ihre Wurzeln im Schlamm hat, im trüben Wasser nach oben wächst und dennoch makellos reine Blätter hat, von denen jeglicher Schmutz abperlt und aus denen sich die zumeist rosarote oder hellgelbe Lotusblüte über die Wasseroberfläche erhebt.*

Im Folgenden wird die Bedeutung des Lotus als Symbol durch Legenden und Lehrkommentare aus Indien, Tibet, Nepal und Japan erklärt.

Als der spätere Buddha im Jahre 560 v. Chr. in Kapilavastu, dem heutigen Lumbini in Südnepal, geboren wurde, konnte der Knabe nach der Legende sofort gehen und machte in jede der vier Himmelsrichtungen sieben Schritte. Aus seinen Fußabdrücken wuchsen Lotusblüten und der kleine Prinz Siddharta Gautama sprach: *„Dies ist das letzte Mal, dass ich wiedergeboren werde, um alle Lebewesen zu befreien."* So ist die Lotusblüte bereits als Symbol der Reinheit mit Buddhas Geburt untrennbar verbunden.

In dem frühen buddhistischen Lehrwerk *Milindapanha* (1. Jh. n. Chr.), *Die Fragen des Königs Milinda, Zwiegespräche zwischen einem Griechenkönig und einem buddhistischen Mönch* fragt der griechisch-baktrische König Menandros (Milinda) den buddhistischen Mönch Nagasena, welches sind die drei Eigenschaften des Lotus, die man anzunehmen habe? Der Mönch antwortet darauf: *„Gleich wie der Lotus im Wasser entstanden, im Wasser groß geworden, dennoch vom Wasser unbenetzt bleibt, so soll auch der Yogi immer von Leidenschaften unberührt bleiben, sei es hinsichtlich der Familie oder seiner Schüler oder der empfangenen Gaben oder hinsichtlich des Ruhmes, der Ehrbezeigungen oder der Bedarfsartikel, deren er sich bedient. Dies, o König, ist die erste Eigenschaft des Lotus, die er anzunehmen hat.*

So wie der Lotus sich über das Wasser erhebend stehen bleibt, so soll auch der Yogi die ganze Welt überwinden und sich über sie erhebend im überweltlichen Gesetze verweilen. Dies ist die zweite Eigenschaft des Lotus.

So wie der Lotus sich schon beim geringsten Winde bewegt und erzittert, so soll auch der Yogi schon den geringsten Leidenschaften sich verschließen und darin eine Gefahr erblicken. Das ist die dritte Eigenschaft des Lotus, die es anzunehmen gibt.

Auch der Erhabene, Buddha, hat gesagt: ‚In den geringsten Vergehen Gefahr erblickend, übt euch in den auf euch genommenen Übungsregeln'."

Der tibetische König Trisong Detsen (755 – 797) lud den nordindischen Yogi Padmasambhava (Sanskrit: „Der aus dem Lotus Geborene") nach Tibet ein, um sein Volk von der Macht des Buddhismus als Ersatz für die einheimische schamanistische Bön-Religion zu überzeugen. Padmasambhava ist eine von vielen Legenden umrankte Persönlichkeit, der sich durch Überwindung der zahlreichen Naturdämonen in Tibet großen Respekt verschaffte und heute als Begründer des tibetischen Buddhismus gilt. Guru (indisch: Lehrer) Padmasambhava gilt als direkte Emanation (d.h. Erscheinungsform) des Buddha Amitabha, der in roter Körperfarbe dargestellt über den Westen als Himmelsrichtung regiert. Buddha Amitabha wurde später im japanischen Amida-Buddhismus (Kat. Nr. 19) zur zentralen Figur der Verehrung.

Kathmandu/Nepal: Stupa von Swayambhunath

Auch um die Geburt von Padmasambhava rankt sich eine Legende: Der Bodhisattva Avalokiteshvara (Symbol des Mitleids) sieht kurz nach der Lebenszeit des historischen Buddha aus seinem Paradies Sukhavati, dass der König von Uddiyana (heute Kaschmir) in Nordwestindien droht, alle Religionen in seinem Königreich zu vernichten, wenn ihm kein Sohn geboren wird. Über Bitte des Bodhisattva streckt Buddha Amitabha seine Zunge heraus und lässt daraus einen Meteor mit Regenbogenschweif entspringen. Dieser Meteor geht im Lande Uddiyana in der Mitte eines Lotusteichs nieder. Nur wenige Tage später entdeckt dort der Premierminister des Königs einen Lotus, auf dem die Gestalt eines 8-jährigen Buben sitzt. Auf die Frage, wer er denn sei, antwortet dieser: *„Ich habe keinen Namen und keine andere Heimat, als das Königreich des Dharma (buddhistische Lehre und Weg). Mein Vater ist Mitgefühl und meine Mutter vollkommene Weisheit."* Der Knabe wurde Padmasambhava, Lotusgeborener, genannt und vom König als Pflegesohn aufgenommen und erzogen.

Noch heute rufen die Tibeter regelmäßig Padmasambhava an, indem sie sein Mantra *„OM AH HUM VAJRA GURU PADMA SIDDHI HUM"* rezitieren. Padmasambhava wurde der Gründer der ältesten Schule des tibetischen Buddhismus der Nyingmapa, der seine Wirkung noch über Jahrhunderte dadurch verstärkte, indem er buddhistische Kommentartexte als so genannte geistige Schätze (tibetisch: terma) in abgelegenen Höhlen und Eremitagen versteckte, wo sie erst Jahrhunderte später von besonders begabten Mönchen wieder aufgefunden wurden. Die Idee dahinter war, dass zu seinen Lebzeiten die Menschen philosophisch noch nicht genügend fortgebildet waren, um diese Texte zu verstehen und sie daher erst später von den Tertön (Schatzfinder) genannten Mönchen aufgefunden werden sollten.

Welche Bedeutung hat der Lotus im Mantra *„OM MANI PADME HUM"*?

Die Silbe *„OM"* setzt sich richtig geschrieben aus den Buchstaben A, U und MA zusammen und repräsentiert Körper, Rede und Geist des Buddha, der damit angerufen wird.

„MANI" heißt so viel wie „Diamant" oder „wunscherfüllendes Juwel" und symbolisiert im gesamten buddhistischen Pfad den Pfad der Methode.

„PADME" ist der Lotus und steht für den Weisheitsaspekt des Pfades. Der Lotus steht daher für die Erkenntnis der endgültigen Realität, der Leerheit.

„HUM" bedeutet, dass etwas ungetrennt ist und weist auf die Vereinigung von *„MANI"* und *„PADME"*, Weisheit und Methode hin, denn diese beiden sollten niemals getrennt von-

Kat. Nr 19

einander praktiziert werden. Weisheit und Methode werden in den buddhistischen Kommentarwerken auch oft als Vater- und Mutterprinzip erklärt. Diese Interpretation des Mantras „*OM MANI PADME HUM*" stammt vom tibetischen Mönch Geshe Thubten Ngawang.

Von besonderer Bedeutung in der buddhistischen Philosophie ist das „*Lotussutra*" oder genau „*Sutra der Lotusblüte des wunderbaren Gesetzes*" (Kat. Nr. 23). Das „*Lotussutra*" ist eines der drei wichtigsten Kommentarwerke, welche gemeinsam das 3fache Lotussutra genannt werden. Es wurde ursprünglich in Sanskrit aufgezeichnet und schon zwischen dem 3. und 5. Jh. unserer Zeit in das Chinesische übersetzt. Seine größte Verbreitung erlangte das „*Lotussutra*" in Japan, als in der Mitte des 13. Jh.s der japanische Mönch Nichiren eine eigene Schule des Buddhismus auf das „*Lotussutra*" gründete. Seine Lehren waren kontroversiell, da er alle anderen buddhistischen Lehrtexte beiseite ließ und es für seine Schüler lediglich für notwendig hielt, das „*Lotussutra*" zu praktizieren. Das „*Lotussutra*", in seiner Schule Hokkekyo-shu genannt, gilt als die höchste Form des Dharma, der buddhistischen Lehre. In vereinfachter Form rezitieren seine Schüler „*OM NAMU-MYOHO-RENGE-KYO*" und sind so in der Lage, Kraft und Weisheit zu erlangen. „*NAMU*" bedeutet Verehrung, „*MYOHO*" das mystische Gesetz, „*RENGE*" Ursache und Wirkung und „*KYO*" das Sutra (Die Lehre des Buddha).

Auch die Entstehung des Kathmandu-Tales in Nepal ist eng mit der Lotusblütensymbolik verbunden. Als eines Tages der Bodhisattva Manjushri (Verkörperung von Weisheit und Erkenntnis) auf seinem blauen Löwen über die heiligen Berge Tibets flog, sah er ein strahlendes Licht aus einem Lotus im heutigen Kathmandu-Tal, das damals ein See war, entspringen. Ein Bodhisattva (Erleuchtungswege) ist eine Person, die zur völligen Erkenntnis gelangt ist, aber auf den Eingang in das Nirvana verzichtet, um durch ihre Vorbildwirkung andere Wesen auf dem Pfad der Erkenntnis zu unterstützen. Damit die Menschen leichter zur Stelle, wo der Lotus wuchs, pilgern konnten, schlug er mit seinem Flammenschwert der Erkenntnis eine Kerbe in die Berge (die heutige Chobar Schlucht), sodass der große See im Kathmandu-Tal auslaufen konnte. An der Stelle des Lotus wuchs dann ein Hügel und das Licht verwandelte sich zum Stupa von Swayambhunath (Abb. S. 37). Noch heute erhebt sich der Stupa von Swayambhunath am Stadtrand von Kathmandu und wird von den nepalesischen Newar-Buddhisten als heiliger Ort verehrt.

Die Lotusblüte wird in der Ikonographie des Buddhismus vielfach als Symbol der Reinheit und Klarheit im Zusammenhang mit der Abbildung von Buddha und Götterfiguren verwendet. Buddha wird auf einem Lotusthron und Lotussitz abgebildet. Figuren tragen die 5fache Lotuskrone am Kopf oder halten Lotusblüten und Lotusknospen als Symbol in der Hand.

Kaum ein anderes Symbol ist so eng mit der Philosophie und Kunst des Buddhismus verbunden. Wer die Symbolik der Lotusblüte versteht, ist einen großen Schritt auf dem Weg zu persönlicher Erkenntnis und vielleicht auch zur Erleuchtung weitergekommen.

Literatur:
F. Louis, *Buddhismus, Götter, Bilder und Skulpturen*, Paris 2003 • I. Ramm-Bonwitt, *Mudras – Geheimsprache der Yogis*, Augsburg 2000 •

R. Beer, *The Encyclopedia of Tibetan Symbols und Motifs*, London o. J. • H. Uhlig, *Auf dem Pfad zur Erleuchtung*, Zürich 1995 • M. M. Rhie, R. A. F. Thurman, *Weisheit und Liebe, 1000 Jahre Kunst des tibetischen Buddhismus*, Bonn 1996 • K.-J. Notz, *Lexikon des Buddhismus*, Freiburg 1998 • K. Sagaster, *Ikonographie und Symbolik des tibetischen Buddhismus*, Wiesbaden 1983 • *Milindapañha, Die Fragen des Königs Milinda*, Interlaken 1985 • G.-W. Essen, *Padmasambhava*, Köln 1991.

* Im 20. Jahrhundert haben Wissenschaftler den „Lotuseffekt" erforscht und dabei festgestellt, dass die Besonderheit in der Oberflächengestaltung der Lotusblumen-Blätter besteht. Wassertropfen rollen über winzige Wachsnoppen an der Oberfläche der Blätter und nehmen dabei den Schmutz mit, bevor sie abperlen und die saubere Blattoberfläche zurücklassen. Die Industrie versucht mittlerweile, diesen Effekt z. B. bei der Behandlung von Fensterglas-Oberflächen, inklusive Brillengläsern, bei Autolacken oder Regenbekleidung zu nutzen.

Kat. Nr. 19 Abb. S. 38
Amida Nyorai (= Amitabha tathagata)
Japan, Edo-Periode (1603 – 1867), 18. Jh.
Holzskulptur mit schwarzer Lackfassung und leicht reliefierter Gewandmusterung; Höhe 78 cm
MAK – Österreichisches Museum für angewandte Kunst / Gegenwartskunst, Wien, Inv. Nr. Or 3860

Buddha des Grenzenlosen Lichtes auf dem Lotusthron in Meditationshaltung (Dhyana Mudra). Der Buddha Amitabha (Jap. Amida) ist die Zentralfigur der buddhistischen Tradition des Amidismus, dessen Anhänger sich hauptsächlich in China und Japan finden. Die Amida-Verehrung wird besonders von Laien getragen, da sie sich als „einfacher Weg" der Volksfrömmigkeit eignet. Der Gläubige erhofft durch die fortwährende Rezitation des Mantras „*NAMU AMIDA BUTSU*" (Verehrung dem Buddha Amitabha) eine Wiedergeburt in Sukhavati, dem Paradies des Buddha Amitabha zu erlangen.

Amitabha ist einer der fünf Dhyani-Buddhas, der Meditationsbuddhas. Er ist sohin keine historische Persönlichkeit, sondern ein transzendenter Buddha. Amitabha steht für das Zeitalter der Gegenwart, sein menschlicher Buddha im Nirmanakaya (Erscheinungskörper) ist der historische Buddha Sakyamuni. Er wird in Meditationshaltung im Dhyana-Mudra abgebildet, seine Symbole sind der Lotus und die Bettelschale, die Körperfarbe ist rot und die von ihm regierte Weltgegend ist der Westen. Als Element entspricht ihm das Feuer. Die ihm zugeordneten Bodhisattvas sind Avalokitesvara (Das Große Mitgefühl) und in weiblicher Form die Weiße Tara. Amitabha wird dem Verstorbenen am 4. Tag nach dem Tod mit rotem Licht erscheinen. Das ihm entsprechende Körperzentrum (Chakra) liegt im Herzen.

PL

Literatur:
H. Fux, Ausst.-Kat. *Japan auf der Weltausstellung in Wien*, Kat. Nr. 174 • Ausst.-Kat. *Japan Yesterday*, MAK, Wien 1997, Kat. Nr. 176 • Ausst.-Kat. *Samurai + Geisha*, Leoben 2003, S. 162, Abb. Nr. 223.

Die Skulptur ist für Salzburg von „historischer" Bedeutung, weil diese mit zwei weiteren Buddha-Figuren (Inv. Nr. Or 3858, Or 3861) ab 5. Juli 1938, gemeinsam mit 5 chinesischen / japanischen Vasen aus der 2. Hälfte des 19. Jh.s (Inv. Nr. Or 3202, Or 3203, Or 3052, Or 3053 und Ke 3736) als Ausstattungs-Stücke für Schloss Kleßheim fungierten. Die fernöstlichen Objekte waren Leihgaben des MAK, Wien; die

Kat. Nr. 20

Buddha-Figuren hat Edmund Blechinger 1954 an das MAK zurückgestellt, 4 Vasen wurden erst anlässlich der Vorbereitungen der Residenzgalerie-Ausstellung des Jahres 2000 „Der Erzherzog und sein Schloss – Ludwig Viktor und Schloss Kleßheim", von R. Juffinger 1999 identifiziert und daraufhin dem MAK restituiert.

RJ

Kat. Nr. 20 Abb. S. 40
Bodhisattva, China, 15. Jh. (Ming)
Bronzeskulptur, vergoldet, bestehend aus zwei Teilen. Gesamthöhe: 54 cm; Lotos-Thron: Holzkern, Höhe 19 cm, Ø ca. 28 cm; Figur: Höhe 35 cm
Privatbesitz

Chinesischer Bodhisattva dargestellt mit Schmuck und Krone. Die Identifikation der Figur ist nicht mit absoluter Sicherheit möglich, da die Buddha-Figur in der Haarkrone beschädigt bzw. nicht deutlich ausgeformt ist. Vermutlich handelt es sich hiebei um eine Abbildung des historischen Buddha Sakyamuni oder von Buddha Amitabha. Nach der Handhaltung kann die Figur als Göttin Tara identifiziert werden. Die rechte Hand liegt auf den im Lotussitz (Padmasana) verschränkten Beinen in der Handhaltung der Geste der Wunschgewährung (auch Barmherzigkeitsgeste genannt – Varada Mudra). Die linke Hand ist erhoben in der Handhaltung des Argumentierens bzw. der Dis-

kussion (Vitarka Mudra). Möglicherweise ist die für die Göttin Tara typische Lotusblume in der rechten Hand verloren gegangen. Tara sitzt auf einem Sockel aus Lotusblüten bzw. einer Lotusknospe.

Tara ist eine der bekanntesten und beliebtesten Göttinnen im buddhistischen Pantheon und steht für die Erlösung bzw. Erfüllung aller Wünsche. Sie gilt als weibliche Gefährtin des Bodisattva Avalokitesvara und wird in vielen Erscheinungsformen dargestellt. In China verschmilzt der Tara-Kult mit der Barmherzigen Göttin Guan Yin, welche in Japan wiederum als Kannon bekannt ist. Zur Verehrung wird Tara in Tibet mit dem Mantra: „*OM TARE TUTTARE TURE SVAHA*" angerufen.

PL

Kat. Nr. 21 Abb. S. 41
Statue des historischen Buddha Sakyamuni, Thailand 17./18. Jh.
Bronzeskulptur, Hohlguss, Höhe: 46 cm, max. Breite: 37 cm, max. Tiefe 20 cm
Privatbesitz

Der historische Buddha Sakyamuni wird im Lotussitz im Mönchsgewand abgebildet. Die linke Hand liegt im Schoß in Meditationshaltung (Dhyana Mudra). Die rechte Hand liegt auf dem rechten Knie in der Erdberührungsgeste (Bhumisparsa Mudra). Diese Handhaltung erinnert an eine Erzählung auf Buddhas Weg zur Erleuchtung. Als Buddha vier Wochen lang unter dem Bodhibaum meditierte, kam Mara, der Gott der Unterwelt und des Bösen zu ihm und versuchte ihn durch visionäre Trugbilder abzulenken. Gautama Siddharta blieb jedoch unerschütterlich und verneinte, dass er von den Trugbildern beeindruckt wäre. Mara versuchte ihn daraufhin zu provozieren, indem er darauf verwies, dass Buddha vollkommen alleine sei und daher keinen Zeugen für seine Unerschütterlichkeit beibringen könne. Daraufhin berührte Buddha mit der rechten Hand den Boden und sprach: *„Die Erde sei mein Zeuge"*. Nach der Legende bebte die Erde daraufhin 3 Mal und Mara musste sich geschlagen geben.

Die langen Ohren der Figur erinnern daran, dass Prinz Siddharta schweren Ohrschmuck trug, welchen er bei Verlassen des Palastes ablegte. Die langgezogenen Ohrläppchen blieben jedoch ein Kennzeichen des Buddha. Das gekräuselte Pfefferkornhaar wird als eines der Erkennungssymbole eines Buddha angesehen. Aus den Haaren erhebt sich am Scheitel bzw. aus der Fontanelle ein Ushnisha genannter Schädelauswuchs, der Weisheit und Offenheit eines Erleuchteten symbolisiert. Ebenso wie die Haartracht und die langen Ohren gehört dies zu den 32 Erkennungsmerkmalen eines Buddha.

Buddha sitzt auf dem Lotusthron als Symbol der Reinheit.

PL

Kat. Nr. 21

Kat. Nr. 22   Abb. S. 31, 43
Vielarmige Gottheit, vermutlich Haramitsu = Han'nya Bosatsu „Göttin der vollkommenen Weisheit", in Sanskrit „Prajnaparamita Bodhisattva"
Japan, Edo-Periode (1603 – 1867), 17. – 18. Jh.
Rollbild: Seidenmalerei, montiert auf Seidenstoff mit eingewebtem Ornament-Rapportmuster

Außenmaß: Höhe 231 cm, Breite 80 – max. 87 cm; Bild: Höhe 143 cm, Breite 68 cm
MAK – Österreichisches Museum für angewandte Kunst / Gegenwartskunst, Wien, Inv. Nr. Or 3787

Han'nya Bosatsu, in Sanskrit „Prajnaparamita Bodhisattva", ist die Verkörperung und Schutzherrin des transzendentalen Wissens, der reinen Weisheit und Lehre.
Ursprünglich entstammt dieser weibliche Bodhisattva der indischen Mythologie, wurde jedoch vor allem in Südostasien verehrt. In China ist sie nicht zu finden, in der japanischen Malerei nur sehr selten.
Oft als weibliches Gegenüber des „Avalokitesvara" betrachtet, ist sie die Schützerin der Reinheit der Lehre. Sie steht in engem Zusammenhang mit der sog. „Diamanten-sutra"
= „VAJRACCHEDIKA PRAJNAPARAMITA SUTRA": Der Diamant zerschneidet Unwissenheit und Leiden – Freiheit und vollkommene Weisheit = Prajnaparamita können entstehen.
Han'nya Bosatsu thront auf einem Lotos-Sockel, der für sich ein Symbol der Reinheit darstellt. Die Lotosblume erhebt sich aus sumpfigem Gewässer und erblüht in voller Reinheit.
Begleitet wird die vielarmige Gottheit von Bonten=Brahma and Taishakuten=Indra, deren Herkunftsort ebenfalls in Indien liegt. Ursprünglich handelt es sich bei letzteren um die höchsten Gottheiten Indiens, die jedoch in Japan in keinem eigenständigen Kult verehrt wurden.

JW

Literatur:
F. Louis, *Buddhismus, Götter, Bilder und Skulpturen*, Paris 2003.

Kat. Nr. 23 Abb. S. 74
Saddharmapundarika Sutra, „Lotus des guten Gesetzes"-Sutra, bekannt als Lotos-Sutra, Japan, datiert 1863
Text gedruckt, Einleitungsbild in Farbminiaturmalerei und Gold auf Papier mit der Darstellung von Buddhas Tod; Länge ca. 20 m, Höhe 8 cm
MAK – Österreichisches Museum für angewandte Kunst / Gegenwartskunst, Wien, Inv. Nr. Mal 279

Als Sutren (wörtlich Richtschnur, Leitfaden) werden die Predigten und Lehrreden des historischen Buddha Sakyamuni oder einzelner seiner Schüler bezeichnet. Ursprünglich hatte es Buddha untersagt, dass seine Predigten und Lehrvorträge schriftlich aufgezeichnet wurden. Erhalten blieben sie dadurch, dass sich einzelne besonders begabte Mönche die Texte wörtlich merkten bzw. auswendig lernten. Während der jährlichen Regenzeit im Monsun trafen die Mönche in klösterlichen Anlagen zusammen und rezitierten gemeinsam die Texte, sodass Abweichungen in der Überlieferung aufgrund von Erinnerungsfehlern korrigiert werden konnten. Erst als sich diese Praxis als zu fehleranfällig erwies, wurden nach dem Tode Buddhas die Sutren auf – Konzil genannten – Mönchsversammlungen kodifiziert. Die Sammlung der Sutren stellt einen Teil der Tripitaka (Drei-Korb) genannten drei kanonischen Sammlungen buddhistischer Schriften dar. Die anderen beiden sind Vinaya, die Mönchsregeln und Abhidharma, die vertiefte Lehre oder Metaphysik.

PL

Kat. Nr. 22

Der Lotus im alten Ägypten

Elfriede Haslauer

Für das alte Ägypten sind zwei Arten von Lotus, eigentlich Seerosen, zu unterscheiden: der Blaue Lotus „Nymphaea coerulea" und der Weiße Lotus „Nymphaea Lotus".[1] Der Blaue Lotus war wegen seines intensiven Duftes sehr beliebt. Da er seine Blüte am Morgen bei Sonnenaufgang öffnet und am Abend wieder schließt, wurde er mit dem jugendlichen Sonnengott, der täglich am Horizont erscheint, und der am Abend wieder untergehenden Sonne in Zusammenhang gebracht und so ein Symbol für Regeneration und Auferstehung.[2]

Bei der Erschaffung der Lebewesen aus dem Ur-Ozean durch den Schöpfergott erscheint der Lotus als erster über dem Wasser. Darauf sitzt das Gotteskind, gekennzeichnet durch die Jugendlocke und den Finger am Mund. In der Spätzeit wird Harpokrates, Horus-das-Kind, auf der Lotusblüte sitzend dargestellt[3] (Kat. Nr. 31). Nefertem, der Sohn des Schöpfergottes Ptah und dessen Gemahlin Sachmet, ist der Urlotus selbst, der Wohlgeruch an der Nase des Re, der durch seinen Duft Leben spendet. Er trägt eine große Lotusblüte auf dem Scheitel.[4] Im Totenbuch-Kapitel 81A, dem Spruch von der Verwandlung in einen Lotus, illustriert durch eine mit langem Stiel aufrecht stehende Lotusblüte, ist dieser Gott gemeint, der Duft an der Nase des Re.[5] Der Spruch 81B hat als Vignette die Darstellung eines Teiches, aus dem eine große Lotusblüte und zwei Knospen ragen.[6] Aus der Blüte ragt der Kopf des Verstorbenen. Es ist seine Geburt, die Verwandlung in eine Lotusblüte. Am Beginn des Spruches wird der Lotus, der Gott Nefertem, angerufen.[7] Im Grab des Tutanchamun war eine aus Holz geschnitzte, stuckierte und bemalte Lotosblüte mit dem Kopf des jungen Königs mitgegeben.[8]

Lotusblüten spielten eine bedeutende Rolle sowohl im privaten als auch im kultischen Bereich. Von den Palästen des Neuen Reiches wissen wir, dass nicht nur eine ausgedehnte Gartenanlage mit Teichen dazugehörte, sondern dass man die Natur in die Innenräume holte, indem Wände und Boden mit entsprechenden Motiven bemalt waren.

In Amarna (Zeit des Königs Amenophis IV.-Echnaton, 1372 – 1355 v. Chr.) waren auf dem Fußboden Teiche mit Lotusblüten und Fischen, umgeben von Papyrus, verschiedenartigen Gartenpflanzen, Bäumen, Vögeln, springenden Kälbern aufgemalt.[9] Ähnlich waren die Wände dekoriert, doch zusätzlich waren sie und auch Säulen durch Einlagen aus polychromer Fayence, Blüten und Früchte darstellend, geschmückt[10] (Kat. Nr. 24). Im Großen Palast von Amarna wurden Fragmente von reliefierten Säulen aus Kalkstein gefunden, die Blüten und Blattranken zeigen, die auch in der Art eines Stabstraußes aufgebaut waren.[11] In gleicher Art waren die Paläste von Amenophis III. (1410 – 1372 v. Chr.) in Malqata in Oberägypten,[12] von Ramses II. (1304 – 1237 v. Chr.) in Kantir[13] und von Ramses III. (1198 – 1166 v. Chr.) in Tell el-Yahudiyeh im Ost-Delta ausgestattet.[14]

Reiche Privatpersonen hatten ebenfalls bei ihren Villen wunderbare Gartenanlagen, die in ihren Gräbern an den Wänden dargestellt sind.[15] Die Teiche sind Symbol für das Urgewässer. Die verschiedenen Pflanzen stehen für Wachsen, Gedeihen, für die Regeneration und beinhalten magische Kräfte durch ihre spezifischen Eigenschaften. Der Garten im Grab stellt zugleich die elysischen Gefilde dar, in denen der Verstorbene zu wandeln wünscht. Am Eingang in das Jenseits steht die Baumgöttin in der Sykomore und empfängt den Ankommenden mit Speisen.[16]

Lotusblüten und -knospen sind in der Ornamentik von Decken und Friesen in Privatgräbern vertreten.[17] Als Blumen der Regeneration spielen sie im Totenkult eine wichtige Rolle. Die Verstorbenen halten sich eine Blüte vor die Nase, um den Duft, damit das Leben einzuatmen (Kat. Nr. 32), sie tragen Stirnbänder und Halskrägen aus den Blütenblättern des Lotus, Lotusblüten liegen auf dem Scheitel[18] (Kat. Nr. 33). Mumien werden zusätzlich zum Schmuck aus Blatt- und Blütengirlanden Lotusblüten mitgegeben.[19]

Auf den Särgen ist die Symbolik des Lotus vielfach anzutreffen. Vor allem bei Frauen-Särgen besteht das Stirnband aus Lotusblütenblättern. Eine große Lotusblüte oder ein Lotusblütenbüschel hängt über der Stirne.[20] Dazu kommt der große Schmuckkragen aus Blütenblättern, verschiedenen Blüten und Früchten, von dessen äußerem Rand statt der tropfenförmigen Anhänger meist große Lotusblüten hängen.[21] Auf den Särgen der Dritten Zwischenzeit (11. / 10. Jh. v. Chr.) sind sogar die Ellenbogen mit einer Lotusblüte bemalt.[22] In den Vignetten der Totenbücher der Spätzeit, ebenso auf den Grabstelen tragen die Verstorbenen als Gerechtfertigte einen Salbkegel mit Lotusknospen auf dem Scheitel.[23]

Die Speisetische, die Opfertische für die Götter, Kapellen, Opfergefäße und Opfertiere[24] sind mit Lotusblüten geschmückt (Kat. Nr. 32). In römischer Zeit werden die Opfertische selbst als Lotusblüte oder Stabstrauß gestaltet.[25] Lotusblüten werden den Verstorbenen[26] und den Göttern als Opfer dargebracht,[27] auch in Kombination als riesige Stabsträuße[28] (Kat. Nr. 26). Solche Stabsträuße wurden bei Fest- und Begräbnisprozessionen mitgetragen,[29] sind beim Totenritual neben der Mumie aufgestellt.[30] Ein einfacher Stabstrauß besteht aus einem Bündel von Papyrusstengeln mit den großen, blühenden Dolden. Ab dem Neuen Reich werden diese sehr reich mit den verschiedensten Blüten, Zweigen und Früchten bestückt, wobei dem Blauen Lotus wegen seines Symbolgehaltes eine wichtige Rolle zukommt[31] (Kat. Nr. 26).

Das Motiv des Stabstraußes wurde in der Kleinkunst z. B. für Salblöffel[32] verwendet, ebenso in die Architektur übernommen, wie aus dem Großen Palast von Tell el Amarna bekannt ist.[33] Darstellungen zeigen Pavillons, deren Dächer von so gestalteten bemalten Holzsäulen getragen werden.[34] In die Malerei übertragen, sind Stabsträuße die seitliche Begrenzung von Statuennischen in Gräbern.[35]

Kat. Nr. 24

Der Lotus selbst wird in Säulen aus Stein nachgebildet.[36] Bei der Säule mit geschlossenem Kapitell bildet das Bündel aus Stengeln den Schaft, die Knospen das Kapitell. Unterhalb der Knospen ist die mehrfache Bindung deutlich angegeben.[37] Der zweite Säulentyp ist der mit offener Blüte, der erst bei den Kompositkapitellen in Tempeln der Ptolemäerzeit vorkommt.[38]

Eine Variante des Stabstraußes als Säule sind die vier Säulen, die das Dach eines Baldachins tragen, der im Antilopenboot aus bemaltem und teilweise vergoldetem Alabaster steht und zu den Grabbeigaben des Tutanchamun gehört. Der Säulenschaft ist ein Papyrusstamm, darauf ein Kapitell aus einer offenen Lotusblüte und einem Kranz aus Lotosblütenblättern. Auf der

Blüte steht der oberste Teil des Papyrusstammes mit der mehrfachen Querbindung und dem offenen Papyruskapitell.[39]

Ein Teich mit Lotusblüten und Fischen ist ein beliebtes Motiv auf den bemalten Schalen aus blau glasierter Fayence im Neuen Reich[40] (Kat. Nr. 28). Das leuchtende Blau selbst steht für die Farbe des Wassers, des Himmels und des Kosmos im Allgemeinen. Wegen der Symbolik des Teiches für die Schöpfung aus dem Ur-Ozean *Nun* werden diese Schalen Nun-Schalen genannt.[41]

Kat. Nr. 25

Die Blütenform selbst findet Verwendung bei Gefäßen. Schalen[42] und Kelche[43] aus blau glasierter Fayence haben die Form der Lotusblüte, die Konturen der Blütenblätter sind auf der Außenseite aufgemalt oder reliefiert. Eine kostbare Variante ist der fein reliefierte Alabasterkelch des Tutanchamun als weit geöffnete Blüte, von dessen Fuß an gegenüberliegenden Seiten Lotusblüten und -knospen wegstehen, auf denen der Gott Heh mit den Symbolen für unendliche Jahre sitzt.[44] Aus Gold sind ein ziselierter Lotuskelch der 19. Dynastie aus dem Schatzfund von Bubastis[45] und ein anderer aus der Nekropole von Tanis, angefertigt für den Hohenpriester Pinodjem (21. Dynastie).[46]

Der Rundboden der Situlen, Opfergefäße der Spätzeit aus Bronze, ist als Lotusblüte reliefiert.[47] In der Nekropole von Kom esch-Schukafa in Alexandria sind in den Wandreliefs Opfertische mit darauf stehenden reliefierten Lotusbechern dargestellt.[48]

Besonders schön sind kleine Steingefäße für Schminke in Form einer Lotusblüte aus der Frühzeit Ägyptens (um 2900 v. Chr.). Der konische Gefäßteil aus weißem Kalzit ist außen von zwei Schichten aus ebenfalls weißem Kalzit geschnittenen spitzen Blättern umgeben, die äußeren Kelchblätter sind aus grünem Schiefer gebildet.[49] Gefäßdeckel werden als Blüte bemalt (Kat. Nr. 29) und stellen so eine über die Gefäßmündung gestülpte Lotusblüte dar.[50]

Lotusblüten und -knospen sind bevorzugtes Dekorationselement bei bemalter Keramik bis in ptolemäische Zeit. Im Neuen Reich sind seit der Zeit des Königs Amenophis III. (1410 – 1372 v. Chr.) bis in die 20. Dynastie bemalte Gefäße typisch, bei denen die Farbe Blau, die Farbe des Blauen Lotus, vorherrscht[51] (Kat. Nr. 27). Diese Gefäße aus gebranntem Ton, meist in Großformat, wurden sowohl im privaten Bereich, vor allem in den Königspalästen, als auch im kultischen Bereich und als Grabbeigaben verwendet. Die Dekoration ist meist floral, doch kommen ebenfalls Darstellungen von Tieren und Aufsätze von plastisch geformten Tieren,[52] Gesichtern der Göttin Hathor[53] oder des Gottes Bes[54] vor.

Die Bemalung von Gefäßen mit dem Lotusmotiv ist auf die Ausschmückung bei festlichen Anlässen zurückzuführen, was uns durch Malereien aus Palästen und Gräbern überliefert ist. Girlanden aus Blütenblättern, große Schmuckkrägen aus Blättern und Blüten wurden als Behänge verwendet,[55] die langen Stiele der Lotusblüten und -knospen umwanden spiralig Flaschen mit Wein und Bier.[56]

Lotusblüten und -blätter sind seit dem Alten Reich ein bedeutendes Motiv für Schmuck. Im Alten Reich schmücken sie Diademe von Prinzessinnen,[57] im Mittleren Reich findet man Lotusblüten vereinzelt als Anhänger an Halsketten,[58] in Pektoralen[59] und im filigranen Blütendiadem der Prinzessin Chnumit.[60] Am silbernen Kronreif des Königs Anjutef aus der 17. Dynastie (16. Jh. v. Chr.) sind die beiden Schleifen auf der

Rückseite als zwei Lotusblüten in Cloisonnée-Technik gestaltet.[61]

Doch erst im Neuen Reich, seit der 18. Dynastie, werden florale Elemente verstärkt zur Gestaltung von Schmuck übernommen. Die Bestandteile des großen Schmuckkragens sind Blüten, Knospen, Blätter, Käfer, Früchte in Miniaturformat, die Schulterstücke, auch das Gegengewicht, haben die Form von Lotusblüten.[62] Als Material werden polychrom glasierte Fayence oder entsprechend farbige Schmucksteine verwendet, sodass sie den natürlichen Färbungen entsprechen. Die so kurzlebigen Blüten werden durch dauerhaftes Material ersetzt. In verschiedenen Pektoralen des Tutanchamun ist das Lotusmotiv zu finden.[63] Lotosblüten und -knospen an den Schienen-Enden des so genannten Pferderinges Ramses' II. tragen die Platte mit den Pferdchen.[64] Pektorale[65] und ein Armring[66] von Scheschonq II. (22. Dynastie, 931 – 725 v. Chr.) sind mit Lotusblüten in Cloisonnée-Technik bzw. Ziselierung verziert.

Der Lotus als göttliche Blume ist Begleiter des Menschen sowohl im Leben als auch im Tod.

---

[1] R. Germer, in: »Anch« Blumen für das Leben. Pflanzen im alten Ägypten, München 1992, S. 54; E. Brunner-Traut, in: Lexikon der Ägyptologie, III, Wiesbaden 1980, Sp. 1091 A: Lotos • [2] Brunner-Traut, ebd., Sp. 1092 B. • [3] H. Schlögl, in: Lexikon der Ägyptologie, II, Wiesbaden 1977, Sp. 786 f.: Gott auf der Blume; M.-L. Ryhiner, L'offrande du lotus dans les temples égyptiens de l'époque tardive. Rites égyptiens VI, Bruxelles 1986, S. 15 – 23. Ein goldener Anhänger Ramses' II. (19. Dynastie, 1304 – 1237 v. Chr.) zeigt ihn als das Kind auf dem Lotos. Das Kind mit der Sonnenscheibe auf dem Kopf steht zugleich für seinen Namen Ra-mesu „Kind des Re". Abb. in: C. Aldred, Die Juwelen der Pharaonen, München 1972, 128; H. W. Müller, E. Thiem, Gold of the Pharaohs, Ithaka/N.Y. 1999, S. 195, Abb. 412 • [4] Brunner-Traut, Lexikon III, Sp. 1093 B.b) • [5] R. O. Faulkner, The Ancient Egyptian Book of the Dead, London 1985, S. 80 Vignette zu 81A • [6+7] Faulkner, ebd., S. 79 f. • [8] The Illustrated Guide to The Egyptian Museum in Cairo, Hg. A. Bongioanni, M. Sole Croce, L. Accomazzo, Cairo 2001, S. 291 • [9] The Mural Paintings of El-'Amarneh, Hg. H. Frankfort, London 1929; Ägyptisches Museum. Staatliche Museen zu Berlin. Stiftung Preußischer Kulturbesitz, Hg. K.-H. Priese, Mainz 1991, S. 127, Nr. 78 • [10] The Mural Paintings, S. 45 ff.; Pharaohs of the Sun Akhenaten.Nefertiti.Tutanchamen, Hg. R. E. Freed, Y. J. Markowitz, S. H. D'Auria, Boston 1999, Kat. Nr. 76 – 81; S. Schoske, in: »Anch« Blumen für das Leben, S. 82 f., Kat. Nr. 14 – 16; Ägyptisches Museum Berlin, S. 126, Nr. 77 • [11] W. M. Flinders Petrie, Tell el Amarna, 1974, S. 11, Taf. IX • [12] W. C. Hayes, The Scepter of Egypt. A Background for the Study of the Egyptian Antiquities in The Metropolitan Museum of Art II, Cambridge/Mass. 1959, S. 245 ff., Fig. 148, 149 • [13] W. C. Hayes, Glazed Tiles from the Palace of Ramesses II at Kantir², New York 1973 • [14] Schoske, Blumen für das Leben, S. 88, Kat. Nr. 19; Hayes, The Scepter, of Egypt, S. 367 f., Fig. 232 • [15] A. Wilkinson, The Garden in Ancient Egypt, London 1998, S. 97 – 118; Ian Shaw and Paul Nicholson, British Museum Dictionary of Ancient Egypt, London 1995, S. 304 Wandmalerei: Teich und Garten im Grab des Nebamun • [16] M.-F. Moens, The Ancient Egyptian Garden in the New Kingdom. A Study of Representations, in: Orientalis Lovaniensia Periodica 15, Leuven 1984, S. 50 f. • [17] Z. B. in: R. Hari, La tombe Thébaine du père divin Neferhotep (TT 50), Genf 1985; A. Ghaffar Shedid, Stil der Grabmalereien in der Zeit Amenophis II. Untersucht an den thebanischen Gräbern Nr. 104 und Nr. 80. Archäologische Veröffentlichungen 66, Mainz 1988, Taf. 14 d; G. Jéquier, L'art décoratif dans l'antiquité. Décoration égyptienne. Plafonds et frises végetales du Nouvel Empire thébain (1400 à 1000 avant J.C.), Paris o. J., pl. XXXI, XXXVII – XL; E. Hofmann, Bilder im Wandel. Die Kunst der ramessidischen Privatgräber. Theben 17, Mainz 2004, Taf. XV Abb. 44, Taf. XXXI Abb. 89 • [18] Shedid, Grabmalereien, Taf. 6, 10, – ebenso geschmückt sind die beim Festmahl anwesenden Frauen, Tänzerinnen und Sängerinnen, Taf. 11 – 13, 15;

Hofmann, *Bilder im Wandel*, Taf. V, VI Abb. 13, VIII, IX, X Abb. 27, 28, XI Abb. 29 XIV, XXII Abb. 60, 62, XXIII Abb. 65, XXXII Abb. 93 • [19] Germer, *Blumen für das Leben*, S. 61 f., Abb. 62 • [20] A. Niwiński, *21st Dynasty Coffins from Thebes*. Chronological and Typological Studies. Theben 5, Mainz 1988, pl. II, VI, VIII, XII • [21] Niwiński, ebd., pl. IVA, VC, VI, VII,VIII, XIII, XIV • [22] Niwiński, ebd., colour plate A, pl. IIIA, IVA, VA, C, VI, VIIA, VIII, X – XIII, XVII • [23] Faulkner, *Book of the Dead*, S. 102; P. Munro, *Die spätägyptischen Totenstelen*, Ägyptologische Forschungen 25, Tafelband, Glückstadt 1973, Taf. 1 • [24] M. Bietak, E. Reiser-Haslauer, *Das Grab des 'Anch-Hor*, Oberhofmeister der Gottesgemahlin Nitokris II, Österreichische Akademie der Wissenschaften, Denkschriften Band VII, Wien 1982, Taf. 59, 60 • [25] *Die Nekropole von Kôm esch-Schukâfa*. Ausgrabungen und Forschungen, Tafelband, Hg. E. Sieglin, Leipzig 1908, Taf. XXXI • [26] Hofmann, *Bilder im Wandel*, Taf. XXII Abb. 62; Bietak, Reiser-Haslauer, *Das Grab des 'Anch-Hor*, Taf. 38 – 40 • [27] M.-L. Ryhiner, *L'offrande du lotus*. • [28] Shedid, *Grabmalereien*, Taf. 14c • [29] Brunner-Traut, in: *Lexikon der Ägyptologie*, I, Wiesbaden 1975, Sp. 838: Blumenstrauß; Germer, *Blumen für das Leben*, S. 64 • [30] Hofmann, *Bilder im Wandel*, Taf. IV Abb. 10, VII Abb. 15 • [31] Brunner-Traut, *Lexikon*, I, Sp. 837 f.; Germer, *Blumen für das Leben*, S. 63 ff. • [32] J. Vandier d'Abbadie, *Catalogue des objets de toilette égyptiens*. Musée du Louvre. Département des antiquités égyptiennes, Paris 1972, S. 21 ff., Nr. 32, 34; *Aménophis III le Pharaon-Soleil*, Hg. A. P. Kozloff, B. M. Bryan, L. M. Bermann, E. Delange, Paris 1993, S. 316 f. Nr. 84, 85 • [33] Petrie, *Tell el Amarna*. • [34] Brunner-Traut, *Lexikon*, I, Sp. 838; A. Ghaffar Shedid, *Das Grab des Sennedjem*. Ein Künstlergrab der 19. Dynastie in Deir el Medineh, Mainz 1994, S. 76 • [35] Hofmann, *Bilder im Wandel*, Taf. IX • [36] S. Weidner, *Lotos im alten Ägypten*, Pfaffenweiler 1998, S. 75 ff.; D. Arnold, *The Encyclopedia of Ancient Egyptian Architecture*, London/New York 1994, S. 57 • [37] Schoske, *Blumen für das Leben*, S. 152, Nr. 74 b Modell Berlin 20347 • [38] Schoske, ebd. S. 152, Nr. 74 c Modell eines Lotoskapitells, Berlin 14135 • [39] *The Egyptian Museum in Cairo*, S. 288 • [40] Schoske, *Blumen für das Leben*, S. 174 f., Nr. 95, 97, 98; *The Small Masterpieces of Egyptian Art. Selections from The Myers Museum at Eton College*, Rijksmuseum van Oudheden, Leiden 1999, S. 44 ff. Nr. 26 – 30 • [41] Schoske, *Blumen für das Leben*, S. 174 ff. • [42] Schoske, ebd., S. 168 Nr. 88 • [43] Schoske, ebd, S. 170 ff. Nr. 92 – 94; *The Small Masterpieces of Egyptian Art*, S. 54 f. Nr. 51, 53 – 56 • [44] *The Egyptian Museum in Cairo*, S. 289 • [45] *The Egyptian Museum in Cairo*, S. 371 • [46] Müller, Thiem, *Gold of the Pharaohs*, S. 215 Abb. 445 • [47] *Götter Menschen Pharaonen. 3500 Jahre ägyptische Kultur. Meisterwerke aus der Ägyptisch-Orientalischen Sammlung des Kunsthistorischen Museums Wien*, Hg. M. M. Grewenig, W. Seipel, Speyer 1993, S. 260 f. Nr. 184 • [48] *Kôm esch-Schukâfa*, Taf. XXXI, XXXIV, XXXV • [49] A. Wiese, *Antikenmuseum Basel und Sammlung Ludwig. Die Ägyptische Abteilung*, Mainz 2001, S. 33 Nr. 9; *The Egyptian Museum in Cairo*, S. 34, 580 • [50] Schoske, *Blumen für das Leben*, S. 74 f., Nr. 6; Darstellungen in Gräbern, z. B. im Grab des Imen-em-hat in Theben, in: Shedid, *Stil der Grabmalereien*, Taf. 10 b • [51] Aus dem Palast in Malaqata: Hayes, *The Scepter of Egypt*, S. 249 Fig. 150; aus dem Palast in El Amarna (Amenophis IV.-Echnaton): *Pharaohs of the Sun*, S. 236 Nr. 104 – 106; *Land der Bibel. Jerusalem und die Königreiche des Alten Orients*. Schätze aus dem Bible Lands Museum Jerusalem, Hg. W. Seipel, Wien 1998, S. 47 ff. Nr. 60, 61, KHM Wien, Inv. Nr. ÄS 8042, 10.071; aus der 18. und 19. Dynastie: *Aménophis III*, S. 343 Fig. XIII.4 a,b; A. Grimm, S. Schoske, D. Wildung, *Pharao. Kunst und Herrschaft im Alten Ägypten*, München 1997, S. 52 Nr. 37;

Kat. Nr. 26

Kat. Nr. 27

Hayes, *The Scepter of Egypt*, S. 407 Fig. 257 • [52] *Aménophis III*, S. 342 Fig. XIII.3, S. 356 Nr. 112; *Pharaohs of the Sun*, S. 236 Nr. 103 • [53] Hayes, *The Scepter of Egypt*, S. 249 • [54] *Aménophis III*, S. 355 Nr. 111 • [55] Petrie, *Tell el Amarna*, Pl. II; *The Mural Paintings of El-'Amarneh*, pl.II; Hofmann, *Bilder im Wandel*, Taf. IV Abb. 10, V Abb. 11, VII Abb. 19, VIII Abb. 20, XII Abb. 35 • [56] N. de Garis Davies, *The Tomb of Puyemrê at Thebes II*. Publications of the Metropolitan Museum of Art Egyptian Expedition, New York 1923, pl. LIII, LIV, LVIII, LXIII • [57] Aldred, *Die Juwelen der Pharaonen*, Abb. 4 Stirnband einer Prinzessin; Abb. 32 Darstellung im Grab des Djehutihotep • [58] Aldred, ebd., Abb. 34; *Gold der Pharaonen*, S. 55 Kat. Nr. 43, S. 62 Kat. Nr. 51, S. 70 Kat. Nr. 65; Muller, Thiem, *Gold of the Pharaohs*, S. 98 Abb. 199, 200, S. 105 Abb. 211 • [59] Aldred, *Die Juwelen der Pharaonen*, Abb. 41; Müller, Thiem, *Gold of the Pharaohs*, S. 112 f. Abb.113 • [60] Aldred, *Die Juwelen der Pharaonen*, Abb. 28; Müller, Thiem, *Gold of the Pharaohs*, S. 103 Abb. 206 • [61] Aldred, *Die Juwelen der Pharaonen*, Abb. 83 • [62] Aldred, ebd., Abb. 66, 71, 125; *Gold der Pharaonen*, S. 90 Kat. Nr. 90, 91; Müller, Thiem, *Gold of the Pharaohs*, S. 153 Abb. 311, 312; Shaw, Nicholson, *British Museum Dictionary*, S. 114 • [63] Aldred, *Die Juwelen der Pharaonen*, Abb. 101, 106; Müller, Thiem, *Gold of the Pharaohs*, S. 180 f. Abb. 381, 383, S. 189 Abb. 395 • [64] Aldred, *Die Juwelen der Pharaonen*, Abb. 144 • [65] Müller, Thiem, *Gold of the Pharaohs*, S. 223 Abb. 454, 455, S. 225 Abb. 462; *Gold der Pharaonen*, S. 115 Kat. Nr. 131 • [66] Müller, Thiem, *Gold of the Pharaohs*, S. 226 Abb. 163, S. 115 Kat. Nr. 132.

Kat. Nr. 29

Literatur: (mit Unterstreichungen für verkürzte Zitierweise)
<u>Ägyptisches Museum.</u> Staatliche Museen zu <u>Berlin</u>. Stiftung Preußischer Kulturbesitz, Hg. K.-H. Priese, Mainz 1991 • *The Illustrated Guide to <u>The Egyptian Museum in Cairo</u>*, Hrg. A. Bongioanni, M. Sole Croce, L. Accomazzo, Cairo 2001 • <u>*Aménophis III*</u> le Pharaon-Soleil, Hg. A. P. Kozloff, B. M. Bryan, L. M. Bermann, E. Delange, Paris 1993 • *Götter Menschen Pharaonen. 3500 Jahre ägyptische Kultur. Meisterwerke aus der Ägyptisch-Orientalischen Sammlung des Kunsthistorischen Museums Wien*, Hg. M. M. Grewenig, W. Seipel, Speyer 1993 • *Land der Bibel. Jerusalem und die Königreiche des Alten Orients. Schätze aus dem Bible Lands Museum Jerusalem*, Hg. W. Seipel, Wien 1998 • <u>*The Small Masterpieces* of Egyptian Art. Selections from *The Myers Museum at Eton College*</u>, Rijksmuseum van Oudheden, Leiden 1999 • <u>*Pharaohs of the Sun*</u>. Akhenaten. Nefertiti. Tutanchamen, Hg. R. E. Freed, Y. J. Markowitz, S.H. D'Auria, Museum of Fine Arts Boston, 1999 • <u>*Gold der Pharaonen*</u>. Kunsthistorisches Museum Wien, Hg. W. Seipel, 2001.

C. Aldred, <u>*Die Juwelen der Pharaonen*</u>, München 1972 • D. Arnold, *The Encyclopedia of Ancient Egyptian Architecture*, London/New York 1994 • M. <u>Bietak</u>, E. <u>Reiser-Haslauer</u>, <u>*Das Grab des 'Anch-Hor*</u>, Oberhofmeister der Gottesgemahlin Nitokris II, Österreichische Akademie der Wissenschaften, Denkschriften Band VII, Wien 1982 • E. <u>Brunner-Traut</u>, in: <u>*Lexikon der Ägyptologie*</u>, I, Wiesbaden 1975, Sp. 837 – 840: Blumenstrauß; dieselbe, in: <u>*Lexikon der Ägyptologie*</u>, <u>III</u>, Wiesbaden 1980, Sp. 1091 – 1096: Lotos • J. Vandier d'Abbadie, *Catalogue des objets de toilette égyptiens*. Musée du Louvre. Département des antiquités égyptiennes, Paris 1972 • N. de Garis Davies, *The Tomb of Puyemrê at Thebes II*. Publications of the Metropolitan Museum of Art Egyptian Expedition, New York 1923 • R. O. <u>Faulkner, *The Ancient Egyptian Book of the Dead*, London 1985 • *The Mural Paintings of El-'Amarneh*, Hg. H. Frankfort, London 1929 • A. Grimm, S. Schoske, D. Wildung, *Pharao. Kunst und Herrschaft im Alten Ägypten*, München 1997 • R. Hari, *La tombe Thébaine du père divin Neferhotep* (TT 50), Genf 1985 • W. C. Hayes, *The Scepter of Egypt*. A Background for the Study of the Egyptian Antiquities in The Metropolitan Museum of Art II, Cambridge/Mass. 1959; derselbe, *Glazed Tiles from the Palace of Ramesses II at Kantir²*, New York 1973 • E. Hofmann, *Bilder im Wandel. Die Kunst der ramessidischen Privatgräber*. Theben 17, Mainz 2004 • G. Jéquier, *L'art décoratif dans l'antiquité. Décoration égyptienne. Plafonds et frises végétales du Nouvel Empire thébain (1400 à 1000 avant J.C.)*, Paris o. J. • M.-F. Moens, *The Ancient Egyptian Garden in the New Kingdom*. A Study of Representations, in: Orientalis Lovanensia Periodica 15, Leuven 1984, S. 12 – 53 • H. W. Müller, E. Thiem, *Gold of the Pharaohs*, Ithaka/N.Y. 1999 • P. Munro, *Die spätägyptischen Totenstelen*, Ägyptologische Forschungen 25, Tafelband, Glückstadt 1973 • A. Niwiński, *21st Dynasty Coffins from Thebes*. Chronological and Typological Studies. Theben 5, Mainz 1988 • W. M. Flinders Petrie, *Tell el Amarna*, 1974 • M.-L. Ryhiner, *L'offrande du lotus dans les temples égyptiens de l'époque tardive*. Rites égyptiens VI, Bruxelles 1986 • H. Schlögl, in: *Lexikon der Ägyptologie*, II, Wiesbaden 1977, Sp. 786 – 788: Gott auf der Blume • S. Schoske, B. Kreißl, R. Germer, *»Anch« Blumen für das Leben. Pflanzen im alten Ägypten*, München 1992 • I. Shaw and P. Nicholson, *British Museum Dictionary of Ancient Egypt*, London 1995 • A. Ghaffar Shedid, *Stil der Grabmalereien in der Zeit Amenophis' II*. Untersucht an den thebanischen Gräbern Nr. 104 und Nr. 80. Archäologische Veröffentlichungen 66, Mainz 1988; ders., *Das Grab des Sennedjem. Ein Künstlergrab der 19. Dynastie in Deir el Medineh*, Mainz 1994 • *Die Nekropole von Kôm esch-Schukâfa*. Ausgrabungen und Forschungen, Tafelband, Hg. E. Sieglin, Leipzig 1908 • S. Weidner, *Lotos im alten Ägypten*, Pfaffenweiler 1998 • A. Wiese, *Antikenmuseum Basel und Sammlung Ludwig. Die Ägyptische Abteilung*, Mainz 2001 • A. Wilkinson, *The Garden in Ancient Egypt*, London 1998.

Kat. Nr. 24   Abb. S. 45
Wandeinlage: Lotosblüte
Fayence, polychrome Glasur; Länge 3,78 cm, Breite 3,85 cm, Tiefe 0,57 cm
Neues Reich, 18. Dynastie, 1372 – 1355 v. Chr.
Amarna
Kunsthistorisches Museum Wien, Ägyptisch-Orientalische Sammlung, Inv. Nr. 8163

Die Lotusblüte ist modelgeformt, die Konturen der Blätter sind eingeritzt; die Rückseite der Blüte ist flach.
In den Palästen des Neuen Reiches waren Wände und Säulen durch Einlagen aus glasierter Fayence verziert. Es waren Motive aus der Natur: Wasser mit Lotusblüten, Papyrus, verschiedene Blumen und Früchte, Tiere.

EH

Kat. Nr. 30

Kat. Nr. 25   Abb. S. 46
Endstück von einem Menit
Fayence, polychrome Bemalung; Höhe 4,85 cm, Breite 6,1 cm, Tiefe 3,34 cm, Wandstärke 0,5 – 0,7 cm
Neues Reich, 14. – 13. Jh. v. Chr.
Kunsthistorisches Museum Wien, Ägyptisch-Orientalische Sammlung, Inv. Nr. 4534

Es hat die Form eines halben Lotoskelches. Die Rückseite ist flach und etwas kürzer als die Vorderseite; am Kelchansatz ist

eine Aufhänge-Öse. In der Rückseite sind oberhalb des unteren Randes – die Blüte ist hängend anzusehen – links und rechts je ein Bohrloch, schräg nach innen.
Möglicherweise gehörte dieses Objekt zu einem Kultgerät, dem so genannten Menit, das ähnlich dem Sistrum als Rasselinstrument verwendet und der Gottheit dargebracht wurde. Ein Menit besteht aus zahlreichen Perlenschnüren, die an beiden Enden durch Schluss-Stücke zusammengefasst und durch eine Perlenkette mit dem Gegengewicht verbunden sind.
Das Menit ist ein Kultgerät der Göttin Hathor und kann ebenso stellvertretend für die Göttin selbst stehen. Die Hathor-Kuh, die dem Verstorbenen aus dem Westgebirge entgegenkommt, trägt es als Halsschmuck. Darstellungen sind sowohl in Tempeln als auch in Privatgräbern zu finden. Die kleinen so genannten Mumien-Sperber aus Holz haben manchmal ein Menit, vor der Brust hängend, aufgemalt. Mitunter sind die Endstücke strichliert, was auf den Lotus hinweisen könnte. Das Menit hat schützende Kraft, steht für Geburt und Erneuerung.

EH

Kat. Nr. 26 Abb. S. 48
Stabstrauß
Holz, Stuck, Reste von Bemalung und Firnisüberzug. Höhe 15 cm, Breite 5,37 cm, Tiefe 2,44 cm

Kat. Nr. 31

Neues Reich, 15. bis 13. Jh. v. Chr.
Kunsthistorisches Museum Wien, Ägyptisch-Orientalische Sammlung, Inv. Nr. 4857

Der flache Stab ist beidseitig reliefiert. Am unteren Ende ist ein Steckzapfen. Von der Bemalung sind nur geringe Reste in den Vertiefungen erhalten, meist Rot mit schwarzer Detailzeichnung, etwas Weiß und Blau. Die Bemalung war ursprünglich mit Firnis überzogen.
Fünf Papyrusdolden sind übereinander gesteckt, nach oben zu größer werdend, darauf sitzt eine große Lotusblüte, flankiert von Lotusknospen. Den oberen Abschluss bildet eine Mimusopsfrucht, die Frucht der Sykomore. Dieser Baum steht am Eingang zum Jenseits. Aus ihm neigt sich die Baumgöttin, um dem ankommenden Verstorbenen Speise und Trank zu reichen.
Im diesem Stabstrauß sind durch Papyrus, Lotus und Sykomorenfeige verschiedene Symbole für Leben und Erneuerung vereint. Daher spielten Stabsträuße auch im Totenkult eine große Rolle.
Dieser Stabstrauß könnte Attribut einer Statue gewesen sein. Im British Museum gibt es die Statuette einer vornehmen Dame aus Holz (EA 32772), aus der 19. Dynastie, um 1290 v. Chr., die mit der linken Hand einen gleichartigen Stabstrauß vor die Brust hält.

EH

Kat. Nr. 27   Abb. S. 49
Große Vase
Gebrannter Ton, bemalt; Höhe 54,5 cm, Ø 36,3 cm
Neues Reich, 18. Dynastie, 1410 – 1355 v. Chr.
Amarna oder Theben
Kunsthistorisches Museum Wien, Ägyptisch-Orientalische Sammlung, Inv. Nr. 10071

Der obere Teil der Vase zeigt Bemalung in Hellbau, Dunkelrot und Schwarz. Es sind vor allem florale Motive. Zwischen schwarz-blau-roten Bändern sind auf dem Hals große Blätter des blauen Lotus, auf dem Schulteransatz ein schwarzes Zackenband und auf der oberen Hälfte des Körpers eine breite Zone mit großen stehenden Lotusblüten, deren Stengel spiralig mit Rosetten verbunden sind. Die Zeichnung mit dünner schwarzer Linie ist schwungvoll ausgeführt, die Bemalung eher flüchtig.
Die seit der Zeit von König Amenophis III. beliebte Bemalung von Gefäßen mit floralen Motiven geht zurück auf die bei festlichen Anlässen mit Girlanden aus Blütenblättern und Blüten geschmückten Gefäße. Es sind das vor allem die Krüge für Wein und Bier.

EH

Literatur:
Land der Bibel, Wien 1997, S. 47 f. Kat. Nr. 61 • *Von Babylon bis Jerusalem. Die Welt der altorientalischen Königsstädte*, Mannheim 1999, Bd. 2, S. 47 f., Abb. S. 49 • *Egypt Collection Wien. Ausstellung über das Alte Ägypten aus der Sammlung des Kunsthistorischen Museums Wien*, Japan 1999, S. 120 Kat. Nr. 86 • *Gott, Mensch, Pharao. Vier Tausend Jahre Ägyptische Kunst und Kultur. Meisterwerke aus der Ägyptisch-Orientalischen Sammlung des Kunsthistorischen Museums Wien*, Japan 2003, S. 132 Kat. Nr. 105.

Kat. Nr. 28   Abb. S. 8, 9
Kleine Schale
Fayence, bemalt; Höhe 3,5 cm, Ø 11,5 cm
Neues Reich, 14. – 13. Jh. v. Chr.
Kunsthistorisches Museum Wien, Ägyptisch-Orientalische Sammlung, Inv. Nr. 8275

Die Wandung zeigt außen in schwarzer Zeichnung die Hüllblätter einer Lotusblüte. Die schwarz bemalte Fläche des ein wenig abgesetzten Standbodens bezeichnet den Ansatz des Stengels. Im Spiegel der Schale ist ein Kreis, von dem ausgehend zum Rand hin offene und geschlossene Lotusblüten aufsteigen. Mit dem Blau des Himmels und des Wassers stellt die Schale einen Teich mit Lotusblüten dar und damit symbolisch auch das Leben, das aus dem Urgewässer *Nun* in Gestalt des Lotus auftauchte. Daher werden in dieser Art bemalte Schalen aus blau glasierter Fayence als *Nun*-Schalen bezeichnet.

EH

Literatur:
Götter Menschen Pharaonen, Speyer 1993, S. 210 Kat. Nr. 131 • *Dioses, Hombres, Faraones*, Viena/México D.F. 1993, S. 210 Kat. Nr. 131 • *Das Vermächtnis der Pharaonen*, Zürich 1994, S. 210 Kat. Nr. 131 • W. Seipel, Wasser und Wein im pharaonischen Ägypten, in: *Wasser und Wein*, Hg. W. Hofmann, Krems 1995, S. 43 Kat. Nr. I/1 • *Gott, Mensch, Pharao. Vier Tausend Jahre Ägyptische Kunst und Kultur. Meisterwerke aus der Ägyptisch-Orientalischen Sammlung des Kunsthistorischen Museums Wien*, Japan 2003, S. 132 Kat. Nr. 104.

Kat. Nr. 29   Abb. S. 50
Flacher runder Deckel
Kalkstein, bemalt; Ø 22,5 cm, D. 2,25 cm, Ø des Steckzapfens 20 cm

Kat. Nr. 32

Neues Reich, 15.–14. Jh. v. Chr.
Kunsthistorisches Museum Wien, Ägyptisch-Orientalische Sammlung, Inv. Nr. 5983

Der Deckel hat einen sehr flachen kreisrunden Steckzapfen, aus dessen Durchmesser die Weite der Gefäßmündung ersichtlich ist. Der vorspringende Rand entspricht sicher der Wandstärke der Mündung eines Gefäßes aus Stein.
Die Oberseite ist mit der Unteransicht einer Lotosblüte bemalt, so als wäre eine Lotosblüte über die Mündung gestülpt. Von einer kleinen roten Scheibe als Zentrum gehen kreuzweise vier breite, spitze Blätter aus. Sie sind blau mit schwarzer Rippenzeichnung. Darunter sind in den Zwischenräumen vier grüne schmälere Blätter mit Rippenzeichnung, dazwischen acht schmale blaue Blätter mit Rippenzeichnung, zwischen denen 16 rote Blattspitzen hervorschauen.
Die Bemalung des flachen Deckels weist auf die kegelförmigen Gefäßverschlüsse hin, die als Lotosblüte bemalt waren. Das ist uns aus Darstellungen in Privatgräbern überliefert.

EH

Kat. Nr. 30 Abb. S. 51
Relief von einem Götterschrein: Nilgenius
Bronze; Höhe 23,8 cm, Breite 10,8 cm
Spätzeit, 26. Dynastie, 6. Jh. v. Chr.
Kunsthistorisches Museum Wien, Ägyptisch-Orientalische Sammlung, Inv. Nr. 4195

Dieses Relief ist Teil einer Prozession von Gottheiten, die die Fruchtbarkeit Ägyptens symbolisieren. Nur die jährliche Überschwemmung des Landes durch den Nil machte in Ägypten Ackerbau mit reichen Erträgen möglich. Blieb die Überschwemmung aus, herrschte Hungersnot.
Dieser Gott ist als Spender der Fruchtbarkeit durch die großen hängenden Brüste charakterisiert. Auf dem Haupt ragt das Papyrusdickicht, die Wappenpflanze Unterägyptens, auf. Der einzelne Papyrusstamm hat als Hieroglyphe die Bedeutung von Grünen und Gedeihen. In den Händen hält der Gott die Hieroglyphe „Opfer", eine Matte mit einem kegelförmigen Brot. Darauf stehen zwei hohe, mit Lotosblüten geschmückte Gefäße, dazwischen ein Szepter, das Zeichen für Herrschaft. Vom rechten Unterarm und von den Händen hängen Lotosblüten, auch sie sind Symbol für Leben. Darunter ist noch das Straußenfederpaar mit der Sonnenscheibe erhalten, das die Kartusche mit einem Königsnamen bekrönte. In einem gleichartigen Relief aus Mit-Rahineh (beim Ptah-Tempel in Memphis) steht an dieser Stelle der Name des Apries, König der 26. Dynastie.

EH

Literatur:
G. Roeder, *Ägyptische Bronzefiguren*, Berlin 1956, § 130c • *Gott, Mensch, Pharao. Vier Tausend Jahre Ägyptische Kunst und Kultur. Meisterwerke aus der Ägyptisch-Orientalischen Sammlung des Kunsthistorischen Museums Wien*, Japan 2003, S. 62, Kat. Nr. 30.

Kat. Nr. 31   Abb. S. 31
Relief von einem Götterschrein
Sykomorenholz, Stuck; Höhe 27,2 cm, Breite 11 cm, Tiefe 1,57 cm
Kunsthistorisches Museum Wien, Ägyptisch-Orientalische Sammlung, Inv. Nr. 918

Harpokrates, Horus-das-Kind, sitzt auf dem Lotos, der aus der Hieroglyphe für „Gewässer" herauswächst, begleitet von zwei Knospen. Es ist das göttliche Kind auf der Blume bei der Erschaffung der Welt. Als zukünftiger Herrscher trägt es neben der Jugendlocke das Königskopftuch *Nemes* mit dem Uräus auf dem Haupt, dazu noch die *Hemhem*-Krone und in der linken Hand die Herrscher-Insignien Krummstab und Wedel.
Das Relief in à jour-Technik ist beidseitig gearbeitet. Die gesamte Oberfläche war mit Stuck überzogen und bemalt. Zusätzlich waren auf der Vorderseite für die Details Vertiefungen ausgeschnitten, die mit anderem Material eingelegt waren. Vermutlich war es verschiedenfarbiges Glas oder Stein.

EH

Kat. Nr. 32   Abb. S. 54
Stele des Wesernub
Kalkstein, bemalt; Höhe 38,5 cm, Breite 26,5 cm, D. 7,5 cm
Neues Reich, 18. Dynastie, Zeit Thutmosis' IV., 1419 – 1410 v. Chr.
vermutlich aus Abydos
Kunsthistorisches Museum Wien, Ägyptisch-Orientalische Sammlung, Inv. Nr. 173

Der Königliche Aufwärter Wesernub steht in Anbetung vor dem Schrein des Gottes Osiris. Ein Lotusblütenstrauß liegt über den Speiseopfern auf dem Opfertisch. Unter dem Tisch stehen Gefäße, geschmückt mit Lotusknospen, deren Stiele um den Gefäßkörper gewunden sind.
Im Register darunter sitzen an einem Speisetisch zwei Ehepaare einander gegenüber, Verwandte des Wesernub. Auf dem Tisch liegen überkreuz zwei Lotusblüten, je einem der Paare zugewandt, die Männer halten selbst Lotusblüten vor die Nase.

EH

Literatur:
M. Hüttner – H. Satzinger, *Stelen, Inschriftsteine und Reliefs aus der Zeit der 18. Dynastie*, CAA Wien 16, 1999, S. 67 – 72.

Kat. Nr. 33   Abb. S. 56
Reliefplatte mit dem Kopf einer Dame
Kalkstein; Höhe 22,6 cm, Breite 25,6 cm, D. 4,4 cm
Neues Reich, 19. Dynastie, 13. Jh. v. Chr.
Kunsthistorisches Museum Wien, Ägyptisch-Orientalische Sammlung, Inv. Nr. 73

Das außerordentlich feine Flachrelief zeigt den Kopf einer vornehmen Dame. Die große mehrteilige Perücke aus fein gekräuseltem langen Haar fällt in natürlich wirkendem Schwung auf den Rücken, zwei breite Strähnen liegen auf der Brust. Dazwischen ist am Halsansatz die Kante des großen Schmuckkragens sichtbar. Das Gesicht wird von einer breiten Strähne, die unten von einem Band umwunden ist, eingerahmt. Der große scheibenförmige Ohrschmuck wird von diesem Haarteil etwas verdeckt. Das Auge ist von einem Schminkstrich umrahmt, der ebenso wie an der Braue weit auf die Schläfe verlängert ist. Die Kontur der Lippen ist durch eine parallel laufende feine Ritzlinie betont. Das Stirnband besteht

Kat. Nr. 33

aus Blütenblättern, auf dem Scheitel liegt eine große Lotosblüte.
Die linke Haarsträhne wird schräg von einer glatten Fläche überschnitten, das könnte der erhobene rechte Unterarm sein. Die Frau hatte entweder die Hände betend erhoben oder hielt etwas in die Höhe, vielleicht ein Sistrum oder eine Opfergabe. Vermutlich stammt dieses Relieffragment aus einem Privatgrab des Neuen Reiches. Das Profil mit dem fein geschwungenen Rücken der zierlichen Nase, die Lidfalte und die Angabe von Falten am Hals sind typisch für die frühe 19. Dynastie.

EH

Literatur:

H. Satzinger, *Ägyptische Kunst in Wien*. Wien 1980, S. 38 Abb. 17 • H. Satzinger, *Das Kunsthistorische Museum in Wien. Die Ägyptisch-Orientalische Sammlung*. Zaberns Bildbände zur Archäologie 14 und Antike Welt (Sonderheft), Mainz 1994, S. 23 Abb. 11 • *Ägypten. Im Reich der Pharaonen. Auf der Suche nach Schönheit und Vollkommenheit*, Leoben 2001, S. 154 Kat. Nr. 142 • *Le donne dei faraoni. Il mondo femminile nell' antico Egitto*, Bergamo 2003, S. 80 • *Gott, Mensch, Pharao. Vier Tausend Jahre Ägyptische Kunst und Kultur. Meisterwerke aus der Ägyptisch-Orientalischen Sammlung des Kunsthistorischen Museums Wien*, Japan 2003, S. 58 Kat. Nr. 26.

Kat. Nr. 34   Abb. S. 57

Jean-Pascal Sebah (1838 – 1910), Photographie von Särgen im Museum in Giza, vor 1878 Kunsthistorisches Museum Wien, Ägyptisch-Orientalische Sammlung, Photo-Nr. 191

In der Mitte steht der Unterteil des mumienförmigen Außensarges von Anch-ef-en-chons, dem Gottesvater des Amun-Re, Königs der Götter, Schreiber der beiden Schatzhäuser vom Amun-Tempel [in Karnak].
Auf der reich bemalten Innenseite erscheint das Motiv des Lotus in verschiedenen Varianten. Anch-ef-en-chons bringt dem Großen Gott, Herrn des Himmels und der Unterwelt (Osiris), einen riesigen Stabstrauß dar und gießt kühles Wasser über die angehäuften Opfergaben aus. Auf den Gaben liegt ein großer Strauß aus Lotusblüten. Lotusblüten gehören auch zu den einzeln stehenden Gefäßen, eine Reihe von Blütenblättern ist als Zierstreifen verwendet.

Der Sarg kam 1900 in das neu eröffnete Ägyptische Museum in Kairo. Er hat die JE Nr. 23.11.16.3, stammt vermutlich aus einem Grab auf der Westseite von Theben und wird an den Anfang der 22. Dynastie datiert, um 900 v. Chr.

Rechts daneben steht der Deckel des mumienförmigen Sarges der Hausfrau Tjai-hep-imu aus dem 8. Jh. v. Chr. Hier wiederholt sich das Lotusmotiv in den Reihen aus Blütenblättern im großen Schmuckkragen und im Stirnband.

Der Photograph Jean-Pascal Sebah wurde in Konstantinopel geboren. Dort hatte er ein erstes Atelier, wurde 1870 Mitglied der Société Française de Photographie. 1873 eröffnete er ein zweites Studio in Kairo, wo er mit Henri Béchard zusammenarbeitete. Er machte vor allem viele Aufnahmen der Wüste, von ländlichen Szenen, Typen aus dem Volk und dem Alltagsleben. 1878 erhielt er auf der Weltausstellung in Paris die Silbermedaille für seine Ägyptenbilder.

EH

Literatur:

Jean-Pascal Sebah, in: Ausst.-Kat. *Le Voyage en Égypte – Vivant Denon et les photographes du XIXe siécle*, Musée Denon, Chalon-sur-Saône 2001.

Kat. Nr. 34

Abt Albert IV. Nagnzaun (1777 – 1856) und dessen Ägyptische Kommode von 1828

Ein seltenes Empire-Möbel aus der Erzabtei St. Peter in Salzburg
und seine Funktion als Bücherschrank für Napoleons *Description de l'Égypte*

Roswitha Juffinger

1822 ließ der Abt der Benediktiner-Abtei St. Peter in Salzburg, Albert Nagnzaun (1818 zum Abt gewählt), eine Kommode anfertigen, die als Bücherschrank für das seit 1809 auf Geheiß Napoleons in Paris verlegte, 25-bändige Prachtwerk:
Description de l'Égypte
ou Receuil des observations et des recherches, qui ont été faites en Égypte pendant l'expédition de l'armée française
dienen sollte, und 1828 geliefert wurde.
Die Gestaltung des Möbels ist, mit einigen Abweichungen, eine Nachbildung der Hauptfassade des Hathor-Tempels von Dendera, die im 4. Band der *Description de l'Égypte* abgebildet ist.
Das im Kloster-Archiv (Hs A 83, S. 414/415) aufbewahrte Tagebuch von Abt Albert Nagnzaun gibt Auskunft über das kostbare Möbel:

„*Sonntag, 27. Juli 1828:*
Heute endlich hatte ich auch die Freude meinen Kasten zu dem berühmten Kunstwerk über Aegypten, von Napoleon Buonaparte veranstaltet, in der Abtey aufgestellt zu sehen. Um nämlich der Stiftsbibliothek eine neue Zierde zu geben, und bey meinen jungen Geistlichen die Liebe für das Wissenschaftliche anzufachen, pränumerirte ich schon im Jahr 1822 auf jenes für die Geschichte Aegyptens, jenes Landes, in welchem Künste und Wissenschaften bereits vor Jahrtausenden in hohem Grade betrieben wurden, für die Künste und die Naturgeschichte äußerst interessante Werk, und erhielt das Werk binnen 6 Jahren mit einem minder schmerzlichen Kostenaufwande von [der Gesamtbetrag wurde nicht eingesetzt,]

wovon	für die	896 Kupferblätter	1021,15
"	"	den Text in 25 Bänden	85,12
"	"	" Transport	88,49
"	"	die Mauth	190,07
"	"	Einband	105,36
"	"		24,06
"	"	Kasten	321,14

trafen.
Diese letztere Auslage hätte ich zwar viel vermindern können, wenn ich einen ganz einfachen Kasten hätte anfertigen lassen: allein einestheils wollte ich dem schönen Werke, welches in wenigen Händen ist, ein passendes Kleid geben, in dem ich das Modell dem IV Bande des Antiquités des Werkes von dem prachtvollen Tempel zu Denderah nahm, anderntheils wollte ich den Kunstfleiß der Handwerker zu Salzburg anspornen."

Literatur:
Christian Witt-Döring, in: Ausst.-Kat. *Fürsterzbischof Wolf Dietrich von Raitenau, Gründer des barocken Salzburg*, Salzburg 1987, S. 402, Abb. S. 587 • Ausst.- Kat. *Ägyptomanie*, Wien 1994, Kat. Nr. 142, S. 221 – 222 (J.-M. Humbert) • *Description de l'Égypte*, Faksimile-Ausgabe (Taschen Verlag), Köln 1994.

Kat. Nr. 35

Kat. Nr. 36
(Detail)

Kat. Nr. 35 – 41

Lotosblumen sind in der Architektur Ägyptens ein wesentliches Element bei der Ausgestaltung der Säulen, sowie in den die Bauten zierenden Reliefs.

Lotospflanzen finden sich in symmetrischer Anordnung vielfach in den Sockel-Zonen von Gebäuden und tragen damit dem Umstand des „aus dem Wasser Herauswachsen" dieser Pflanze Rechnung. (Kat. Nr. 36, Detail)

Die herausragende Rolle der Lotosblüten im privaten als auch im kultischen Bereich, wie von Elfriede Haslauer im Katalogbeitrag zum „Lotus im alten Ägypten" dargelegt, spiegelt sich in den Reliefs ebenfalls wieder.

RJ

Kat. Nr. 35 Abb. S. 59, 61
Johann Hoegl, Ägyptische Kommode, 1828
Holzeinlegearbeit auf Weichholz, Furnier: Wildkirsche, Ebenholz-Imitation, geschnitzte Teile zum Teil vergoldet, signiert *Johann Hoegl*

Kat. Nr. 36

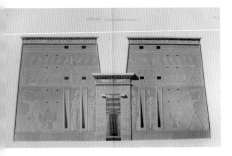

Höhe 131 cm, Breite 200 cm, Tiefe 86 cm
Erzabtei St. Peter, Salzburg

Der Tempel von Dendera hat, wie Dominique-Vivant Denon in seinen 1802 in Paris herausgegebenen *Voyage dans la Basse et la Haute Égypte pendants les campagnes du général Bonaparte* vermerkt, auf ihn und die Soldaten der französischen Armee einen nachhaltigen Eindruck hinterlassen:

„Kurz danach belehrte mich Tentyris [= Dendera], dass man keineswegs nur in der dorischen, ionischen und korinthischen Ordnung die Schönheiten der Architektur suchen muss, sondern dass überall, wo Harmonie der Teile besteht, Schönheit liegt. ...Ich hatte das Vorgefühl, ich würde nichts Schöneres mehr in Ägypten sehen. Und die zwanzig Reisen, die ich seitdem nach Dendera gemacht habe, haben diese Meinung bestätigt."

Denon berichtet: Am 24. Jänner 1799 *„machte, ohne einen Befehl erteilt oder erhalten zu haben, jeder Offizier und jeder Soldat einen Umweg, eilte nach Tentyris, und spontan blieb die ganze Armee den Rest des Tages dort. Was für ein Tag!"*

Der überwältigende Eindruck des Bauwerkes lässt sich überdies aus Denons Zeilen ablesen: *„Latournerie, ein Offizier von glänzendem Mut, kultiviertem Intellekt und verfeinertem Geschmack ...sagte: ‚Seit ich nach Ägypten gekommen bin, war ich enttäuscht von allem, krank und melancholisch. Tentyris hat mich geheilt: Was ich heute gesehen habe, hat mich von meiner ganzen Erschöpfung wieder hergestellt. Was immer nach dieser Expedition aus mir werden wird, ich werde mich für den Rest meines Lebens dafür beglückwünschen, dass ich daran teilgenommen habe wegen der unauslöschlichen Erinnerungen, welche dieser einzige Tag in mir hinterlassen hat'."*

Die Wahl dieser Tempelanlage als Vorlage für den Bücherschrank in der Benediktiner-Abtei St. Peter in Salzburg ist aus dieser Begeisterung der Zeitgenossen heraus nachvollziehbar.

RJ

Literatur:
Ausst.- Kat. *Ägyptomanie*, Wien 1994, S. 142 und Kat. Nr. 142, S. 221 – 222 (J.-M. Humbert)

Kat. Nr. 36 – 37
Zur Entstehungsgeschichte der *Description de l'Égypte*:
Mit Erlass vom 13. August 1799 betraute Napoleon in Ägypten die Commission des Sciences et des Arts mit der Aufgabe, eine systematische Liste der ägyptischen Altertümer zu erstellen. Fast 500 Zivilpersonen, unter ihnen Künstler und Gelehrte, begleiteten die französische Militärexpedition. Aus den zahlreichen Berichten und Reisetagebücher der Teilnehmer geht die Einmaligkeit ihrer Erfahrungen und Erlebnisse hervor. Bei Fertigstellung des Auftrages war Napoleon bereits nach Frankreich zurückgekehrt. Die Forscher fanden bei ihrer Rückkehr von ihren Expeditionen nach Kairo anstelle von Napoleon seinen Nachfolger General Kléber vor.

Aus diesem Unternehmen, das von Napoleon initiiert und gefördert, von Kléber in ein Veröffentlichungsprojekt umgewandelt worden war, ging nach großen Schwierigkeiten das monumentalste Werk, das jemals publiziert wurde, hervor: die *Description de l'Égypte*. Diese Publikation besteht aus zehn Foliobänden und zwei Bänden mit 837 Kupferstichen sowie insgesamt mehr als 3000 Illustrationen. Die ersten fünf Bände behandeln die Antiquitäten, die folgenden zwei sind dem Leben und den Ereignissen Ägyptens von der arabischen Eroberung im 7. Jahrhundert bis zur französischen Besetzung gewidmet, die letzten drei Bände berichten über die Naturgeschichte des Landes.

RJ

Literatur:
Ausst.- Kat. *Ägyptomanie*, Wien 1994, S. 174 (C. Ziegler) • *Description de l'Égypte*, Faksimile-Ausgabe (Taschen Verlag), Köln 1994.

Kat. Nr. 37
Kat. Nr. 35

Kat. Nr. 36   Abb. S. 60
Description de l'Égypte
ou Receuil des observations et des recherches, qui ont été faites en Égypte pendant l'expédition de l'armée française
Band I, 2. Auflage, Paris 1820, 72 x 60 cm
Stiftsbibliothek St. Peter, Salzburg, Inv. Nr. 85.100

Tafel 51, Edfu
Der Horus-Tempel von Edfu in Oberägypten, zwischen Luxor und Assuan gelegen, ist einer der am besten erhaltenen Tempel der antiken Welt. Verehrt wurden in der Anlage der Falkengott Horus, dessen Gemahlin Hathor und deren Sohn, Harsomtus. Der Bau wurde von Ptolemäus III. Euergetes 237 v. Chr. begonnen und nach 180-jähriger Bauzeit im Jahr 57 v. Chr. vollendet.

RJ

Literatur:
D. Kurth, *Edfu – Ein ägyptischer Tempel gesehen mit den Augen der alten Ägypter*, Darmstadt, 1994.

Kat. Nr. 37   Abb. S. 61
Description de l'Égypte
ou Receuil des observations et des recherches, qui ont été faites en Égypte pendant l'expédition de l'armée française
Band IV, 2. Auflage, Paris 1822, 72 x 60,5 cm
Stiftsbibliothek St. Peter, Salzburg, Inv. Nr. 85.100

Tafel 29, Denderah (Tentyris)

Kat. Nr. 40

Dendera, nördlich von Karnak am Nil gelegen, ist das Zentrum des Hathor-Kultes. Die bestehende Anlage wurde von Ptolemäus XII. Auletes (88 – 51 v. Chr.) begonnen und unter dem römischen Kaiser Nero (54 – 68 n. Chr.) fortgesetzt, und besteht aus dem unvollendet gebliebenen Hathor-Tempel, einem heiligen See, und weiteren dem Kult dienenden Bauten. Die Geburt von Hathor, der Himmels- und Liebesgöttin, wird wie folgt beschrieben: *„Re öffnete im Innern des Lotus seine Augen in dem Moment, in dem er das Urchaos verließ. In seinen Augen bildete sich eine Flüssigkeit, die zu Boden fiel: Sie verwandelte sich in eine schöne Frau, der man den Namen ‚Gold der Götter, Hathor die Große, Herrin von Dendera' gab."*
Neben Hathor wurden in Dendera Horus, und deren Sohn Ihi, Gott der Musik, verehrt.

RJ

Literatur:
V. Rondot, Dendera, in: *Ägypten* (Dumont visuell), Köln 1994, S. 388 – 391.

Kat. Nr. 38 – 41
Norbert Bittner (1786 – 1851), Aquarelle über Bleistiftvorzeichnungen, nach Vorlagen der ersten 5 Bände der *Description de l'Égypte*
Bittner schuf die 56 im Kupferstichkabinett der Wiener Akademie aufbewahrten Aquarelle zwischen 1822 – 1837. Diese künstlerisch äußerst wertvollen Aquarelle wurden in ihrer

Gesamtheit bisher noch nie ausgestellt bzw. publiziert.

Zur Biographie des Künstlers gibt es bislang wenige Lebensdaten, bekannt ist, dass Norbert Bittner ab 1806 bei A. Ch. Dies an der Wiener Akademie studierte, 1810 den 2. Platz beim Bewerb um den Gundel-Preis für Architekturzeichnung erhielt und sich auf Architekturmalerei spezialisierte.

RJ

Literatur:
Martina Haja, Norbert Bittner, in: Ausst.- Kat. *ORIENT – Österreichische Malerei zwischen 1848 und 1914*, Residenzgalerie Salzburg 1997, S. 134–137.

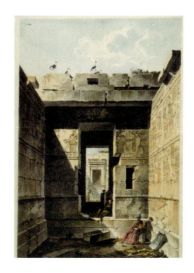

Kat. Nr. 41

Kat. Nr. 39   Abb. S. 67
Norbert Bittner (1786 – 1851), Theben – Karnak
beschriftet Mitte u.: *Thebes Karnak Coll. Plce de la Salle du Pallais Hypostyle*
Aquarell über Bleistiftvorzeichnung, 585 x 463 mm
Kupferstichkabinett der Akademie der bildenden Künste, Wien, Inv. Nr. 7344

Kat. Nr. 40   Abb. S. 62
Norbert Bittner (1786 – 1851), Philae
beschriftet Mitte u.: *Ile de Philae*
Aquarell über Bleistiftvorzeichnung, 504 x 722 mm
Kupferstichkabinett der Akademie der bildenden Künste, Wien, Inv.Nr. 7371

Kat. Nr. 38   Abb. S. 66
Norbert Bittner (1786 – 1851), Esne
beschriftet Mitte u.: *Environs d'Esne. Temple au Nord d'Esne*
Aquarell über Bleistiftvorzeichnung, 485 x 716 mm
Kupferstichkabinett der Akademie der bildenden Künste, Wien, Inv. Nr. 7335

Kat. Nr. 41   Abb. S. 63
Norbert Bittner (1786 – 1851), Edfu
beschriftet Mitte u.: *Nubie Debout*
Aquarell über Bleistiftvorzeichnung, 696 x 490 mm
Kupferstichkabinett der Akademie der bildenden Künste, Wien, Inv. Nr. 7380

Ägyptischer Lotos und die Suche nach dem „Wahren Ornament": Owen Jones (1809 – 1874)

Rainald Franz

1856 veröffentlichte der englische Architekt und Entwerfer Owen Jones seine enzyklopädische Schrift *The Grammar of Ornament* in London. Die Publikation spiegelt die Grundideen der englischen Reformkünstler um die Mitte des 19. Jh.s wider. Jones' Grammatik beeinflusste entscheidend die Entwicklung nicht nur des hochviktorianischen Geschmacks in Großbritannien, sondern wurde zum Vorlagenwerk für Künstler bis in den Jugendstil und noch Modernisten wie der amerikanische Architekt Frank Lloyd Wright schöpften von diesem *Bildatlas der Ornamente* Inspiration. Mit dieser ersten systematischen Zusammenstellung von *„... Mustern von den verschiedenen Stylarten der Ornamente"*, wie es im Untertitel heißt, illustriert durch 112 Tafeln im Folioformat in der damals noch jungen Technik der Chromolithographie, unternahm Owen Jones nichts Geringeres als den Versuch, *„allgemeine und durchgehende Principien zur Anordnung der Form und der Farbe in der Architektur und den dekorativen Künsten"* (Zitat Jones) zu formulieren. Doch Owen Jones' Schrift sollte nicht als Einzelleistung gewertet, sondern als ein Ergebnis seines größeren Projektes zur Fixierung rationaler Grundlagen in Bezug auf die Anwendung von Ornamenten in Architektur und Entwürfen für die angewandte Kunst gesehen werden.

Owen Jones, Sohn eines walisischen Antiquars und Pelzhändlers, war in London ausgebildet worden und hatte nach einer Lehre bei dem Architekten Lewis Vuillamy (1791 – 1871) und Studien an der Royal Academy 1830 die obligate „Grand Tour" angetreten. In Griechenland traf Jones den Architekten Jules Goury (1803 – 1834). Beide Reisende begeisterten sich für ein Hauptthema der klassizistischen Debatte über antike Architektur, das Problem der Polychromie, also der ehemaligen Buntfarbigkeit antiker Gebäude, und nahmen dazu systematische Studien von Baudenkmälern auf. Gemeinsam bereisten Jones und Goury bis 1834 Frankreich, Italien, Ägypten (gemeinsam mit dem Ägyptologen Joseph Bonomi), die Türkei und Spanien. Das Studium der Architektur und Bauornamentik der Alhambra in Granada sollte zur ersten gemeinsamen Publikation der jungen Architekten führen, doch Goury starb sechs Monate nach Beginn der Arbeit an der Cholera. Jones führte die Arbeit zu Ende und publizierte die Ergebnisse der wissenschaftlichen Untersuchungen 1836 – 45 als *Plans, Elevations, Sections and Details of the Alhambra* in England. Jones' erste, auf 10 Bände angelegte Publikation wurde niemals vollständig ediert. Die drei monumentalen Bände zur Alhambra stellen jedoch die erste Publikation dar, die islamische Architektur und Kunstgewerbe als studienwürdige Vorbilder für Architekten in Großbritannien etablierte, illustriert durch die ersten Beispiele der Anwendung der eben in Frankreich erfundenen Chromolithographie in einer wissenschaftlichen Publikation. Owen Jones bot den englischen Architekten buntfarbige Vorlagen islamischer Ornamentik, die neue Lösungen für Probleme wie die Dekoration von Innenräumen und Objekten versprachen. Keramikfliesen wurden durch die Publikation zu einem legitimen Stilmittel der Wanddekoration und Jones entwickelte schon in seiner ersten Schrift allgemein anwendbare Prinzipien, die weit über die Kanonisierung islamischer Ornamente hinausgingen – etwa die ausschließliche Anwendung von Primärfarben auf den Hauptteilen eines Dekors.

Die *Plans of the Alhambra* ließen Owen Jones in den Augen der Architekturkritik der Zeit zum Kenner islamischer Architektur werden, aber seine klare Analyse islamischen Bauens führte nicht zu einer Überwindung der viktorianischen Neogotik. Owen Jones selbst kombinierte in seinen ersten Wohnbauten ab 1843 Motive der italienischen Renaissance mit islamischen Details und wandte den „maurischen Stil" in Entwürfen für Geschäftsräume, Textilien und Tapeten an. Bis in die 1850er Jahre arbeitete Owen Jones sowohl als Publizist wie als Architekt.

Durch die Alhambra-Publikation erregte Owen Jones das Interesse von Henry Cole (1808 – 1882), einem bedeutenden Proponenten der Reform des Gewerbeunterrichts im Großbritannien der Mitte des 19. Jh.s, der die seit 1836 bestehenden „Schools of Design" als Vertrauter des Gemahls von Queen Victoria, Prince Albert, im Sinne einer zukunftsträchtigen Ausbildung von Entwerfern für die Industrie umzuformen begonnen hatte. Henry Cole nutzte dazu als Sprachrohr sein „Journal of Design and Manufactures", eine Kunstzeitschrift, wo Owen Jones ebenfalls veröffentlichen sollte. Zur Förderung der englischen Kunst-Industrie schlug Henry Cole die Gründung neuer Museen als Mustersammlungen für den Unterricht an den „Schools of Design" sowie die Organisation von Ausstellungen mustergültiger Erzeugnisse vor. Coles wichtigstes Projekt in dieser Hinsicht war die Ausrichtung der „Great Exhibition of the Works of Industry of All Nations" 1851, der ersten Weltausstellung im von Joseph Paxton errichteten „Crystal Palace" im Hyde Park, die dem Publikum erstmals einen Eindruck von der Produktion der (Kunst-)Industrie weltweit vermitteln sollte. Owen Jones wurde von Henry Cole zum „Superintendent of Works" für die Ausstellung ernannt und mit der Dekoration des Baus von Paxton und der Anordnung der Ausstellungsstücke betraut. Owen Jones entwarf ein Dekorationsschema auf der Basis seiner Studien der Farbenlehre Chevreuls in den Grundfarben Rot, Gelb und Blau, das, zuerst heftig kritisiert, schließlich in seiner Gesamtwirkung gefeiert und mit Effekten in Gemälden von William Turner verglichen wurde. Die Arbeit für die Weltausstellung und die intensive Auseinandersetzung mit der Kunstindustrie führten Owen Jones zu der Erkenntnis, dass die Prinzipien der historischen Kunst, verkörpert in ihren Schöpfungen, für moderne Entwerfer wichtiger sind als deren Formen. Nach der „Great Exhibition" betreute Jones die Neuerrichtung des „Crystal Palace" in Sydenham, wo er auch, gemeinsam mit seinem Freund Matthew Digby Wyatt (1820 – 1877), die Planung und Einrichtung der „Fine Arts Courts" übernahm. Die „Egyptian, Roman, Greek, Alhambra Courts", nach Entwürfen von Owen Jones gestaltet, wurden zu einem großen Publikumserfolg. Seit 1852 unterrichtete Owen Jones am von Henry Cole neugegründeten „Department of Science and Art" und sammelte so theoretische und praktische Erfahrungen, die in die Publikation der *Grammar of Ornament* einfließen sollten. Mit Henry Cole hatte Owen Jones 37 „Propositions" entwickelt, d.h. „allgemeine und durchgehende Principien zur Anordnung der Form und der Farbe in der Architektur und den dekorativen Künsten". Diese Lehrsätze von Owen Jones schufen ein Regelwerk der Anwendung von Ornamenten. Zur Erläuterung dieser „Propositions" sollten die 112 Farbtafeln dienen, die Beispiele historischer Stile bieten, von den „Savage Tribes", also der Kunst der Naturvölker bis zur italienischen Renaissance und zu den „Blättern und Blumen nach der Natur". Als Autoren der theoretischen Artikel und als Gestalter der Tafeln zeichneten neben Owen Jones wichtige Mitarbeiter am Projekt des nach der „Great Exhibition" initiierten

Kat. Nr. 38

"South Kensington Museum" verantwortlich, etwa Matthew Digby Wyatt, C. J. Richardson (1731 – 1810) oder Christopher Dresser (1834 – 1904). Durch diese Einbeziehung des „Design Establishment" und die wohlwollende Unterstützung Henry Coles, der in der Publikation ein Vehikel zur Verbreitung des Wissens über die Bestände des neuen Museums sah, sicherte Owen Jones der *Grammar of Ornament* von vornherein den Status eines Lehrbuchs für die „Schools of Design" und in weiterer Folge den eines unverzichtbaren Musterbuches für alle Entwerfer von Flächenornamenten und Architekturdekorationen im England der zweiten Hälfte des 19. Jh.s. Durch die Übersetzung von 1876 wurde das Buch im Rahmen des Zeichenunterrichts an österreichischen und deutschen Kunstgewerbeschulen und Akademien schnell populär.

Im Vorwort zur *Grammar of Ornament* schreibt Owen Jones von der Tatsache, *„dass jeder Styl der je allgemeine Bewunderung erregt hat, unverkennbar mit den Gesetzen im Einklange ist, welche in der Natur die Vertheilung der Form reguliren (sic)"*. Den „Fortschritt der Verzierungskunst" denkt Jones *„sicherzustellen, indem man auf die aus der Vergangenheit abgeleitete Erfahrung alle die Kenntnisse pfropft, die zu erlangen sind, wenn man wieder zur Natur Zuflucht nimmt…"* Für den Viktorianer Jones ist der Verzicht auf die Vergangenheit bei der Etablierung von Kunsttheorien oder einem Styl *…ein Unternehmen der höchsten Thorheit. Das hieße seit Jahrtausenden angehäufte Erfahrungen und Kenntnisse muthwillig verwerfen. Wir müssen im Gegentheil alle die erfolgreichen Bemühungen der Vergangenheit als ein Vermächtnis betrachten, und ohne ihnen blindlings zu folgen, sollten wir sie als Leitfaden gebrauchen uns im Finden des rechten Pfades beizustehen."* Unter diesen Prämissen ist es nur verständlich, wenn im zweiten Kapitel der *Grammar of Ornament* auf der Tafel der ägyptischen Ornamente an erster Stelle die Illustration des *„Lotos, nach der Natur gezeichnet"* bei Owen Jones auftaucht. Die gesamte Tafel IV (Kat. Nr. 42) ist der Gegenüberstellung von Lotos und Papyrus gewidmet und in den folgenden Tafeln (Kat. Nr. 43, Tafel V) findet sich die Lotosblüte in stilisierter Form immer wieder, etwa als Kapitellform oder stilisierte Vase.

Im Text zu den ägyptischen Ornamenten erklärt Owen Jones seine Konzentration auf wenige Motive. Im Gegensatz zu anderen Stilen kenne die Kunst der Ägypter keine Frühzeit oder fremden Einfluss: *„…wir müssen also glauben, daß sie ihre Eingebungen unmittelbar von der Natur schöpften. In dieser Ansicht werden wir bestätigt, wenn wir insbesondere die Ornamente der Ägypter betrachten; die Typen sind wenige an der Zahl, und lauter Naturtypen und die Darstellung weicht nur sehr wenig vom Typus ab."* Diese unmittelbare Nähe zur Natur und ihre Beschränkung auf wenige Motive definiert für Owen Jones die Größe der ägyptischen Kunst und ihrer Ornamente, die er aufzählt: *„Der Lotos und der Papyrus, die an den Ufern ihres Flusses wachsen, und die Nahrung des Leibes und des Geistes sinnbildlich darstellen; die Federn seltener Vögel die den Königen als Embleme der Oberherrschaft vorgetragen wurden; der Palmzweig, nebst dem aus dessem Stamm verfertigten gewundenen Seil."* Die Nähe zur Natur sichert den ägyptischen Ornamenten Gesetzmäßigkeit, *„daher finden wir auch, dass die ägyptischen Ornamente, wenn sie auch noch so conventionell behandelt sind, doch immer wahr bleiben."* Als Beispiel für diese Wahrhaftigkeit dient Owen Jones wiederum der Lotos: *„Ein Lotos, in Stein ausgehauen, um die zierliche Krone einer Säule zu bilden, oder an die*

Wand gemalt, als eine den Göttern dargebrachte Opfergabe, war keine Darstellung der Blume, wie man sie pflücken möchte, sondern eine architektonische Vergegenwärtigung derselben..."

Die Lotosblüte in ägyptischer Formung gerät in Owen Jones' Sicht zum Beispiel der wahrhaftigen Form des Ornamentes, bei dem er antinaturalistische Stilisierung hervor- und bewusst von der naturalistischen Wiedergabe abhebt.

Dieser Blick auf den stilisierten Lotos, konditioniert durch Jones' Prämisse, dass jegliches Ornament auf der Geometrie basieren solle, ist symptomatisch für den Zugang zur Natur, wie er die erste Generation der Design-Reformer um 1850 kennzeichnet. Stilisierung wird zur Bedingung der Möglichkeit ornamentaler Form von Naturmotiven, auch wenn sich zum Abschluss der *Grammar of Ornament* in Kapitel zwanzig „Blätter und Blumen nach der Natur" finden. Was für Owen Jones in den historischen Stilen wie in der Naturnachahmung verbindlich und wahr ist, wenn man an die Gestaltung von Ornamenten geht, ist die Erfassung der Prinzipien und die Betonung der Idealisierung gegenüber dem Kopieren.

Aus eben dieser Haltung heraus erklärt sich das hohe Interesse Owen Jones an den stilisierten Lotosblüten, die sich in den Chromolithographien seiner wenige Jahre später veröffentlichten *Examples of Chinese Ornament* (1867; Kat. Nr. 44) finden – der Primat der Stilisierung gegenüber dem Kopieren der Natur.

Noch der Wiener Kunsthistoriker Alois Riegl widmet in seiner epochalen Abhandlung *Stilfragen. Grundlegungen zu einer Geschichte der Ornamentik* (1893) im Kapitel über „Die Anfänge des Pflanzenornaments und die Entwicklung der ornamentalen Ranke" dem Problem der Stilisierung des Lotos in der ägyptischen Kunst einen eigenen Abschnitt. Darin weist er, anhand neuer Erkenntnisse aus der Ägyptologie und Botanik, vor allem der 1891 erschienenen *Grammar of Lotos* des englischen Ägyptologen William Henry Goodyear, auf den Status der Lotusdarstellung in der Kunst Altägyptens hin und kommt zur Erkenntnis: *„Die Lotustypen sind gewiss ursprünglich nicht Ornamente, sondern um der gegenständlichen Bedeutung willen, die dem Lotus in den Kultvorstellungen der Ägypter zukam, von den egyptischen Künstlern auf die Wände der Grabkammern gemeisselt und gemalt, oder als Rundwerk in Stein gehauen worden."*

Kat. Nr. 39

Für Alois Riegl erreicht die ägyptische Kunst am Beispiel der Lotusdarstellung zwar den Status, *„...zwischen den beiden extremen Polen im Kunstschaffen einen Ausgleich zu finden: einerseits dem auf Schaffung einer blossen Augenweide abzielenden Schmückungstriebe, andererseits dem Bestreben, den bedeutendsten Ideen und Empfindungen der Menschen sinnlichen Ausdruck zu leihen."* Aber nicht der altägyptischen, sondern erst der antik griechischen Kunst gelingt es, nach Alois Riegl *„...Formschönes und inhaltlich Bedeutsames in harmonischer Weise mit einander zu verschmelzen, mit Bedeutung gefällig zu sein."*

Literatur:

A. Burton, *Vision and Accident. The Story of The Victoria & Albert Museum*, London 1999 • S. Durant, *Ornament: A Survey of Decoration since 1830*, London/New York 1986 • G. Egger, *Lotos, Palmette und Akanthus. Eine ornamentgeschichtliche Untersuchung*, unpublizierte Habilitationsschrift, Technische Universität Wien, 1954 • W. H. Goodyear, *Grammar of Lotos. A new History of Classical Ornament*, London 1891 • S. Jervis, *High Victorian Design*, Woodbridge/Suffolk

1986 • J. Lubbock, *The Tyranny of Taste. The Politics of Architecture and Design in Britain 1550 – 1960*, Yale University Press, New Haven/London 1995 • A. Riegl, *Stilfragen. Grundlegungen zu einer Geschichte der Ornamentik*, Berlin 1893 • N. Shaddick, Owen Jones, in: J. Banham, *Encyclopedia of Interior Design*, vol. 1, London/Chicago 1997, S. 665 ff.

Kat. Nr. 42 und 43
Owen Jones, *Grammatik der Ornamente*, Day and Sons, London 1856 / Ludwig Denicke, Leipzig 1867
Buchdruck, 164 S., 112 Tafeln in Farblithographie, Quart.
John Strangeways, London / Bernard Quaritch, Leipzig; Maße: 33,5 x 24 cm, Buchblock 5 cm
MAK – Österreichisches Museum für angewandte Kunst / Gegenwartskunst, Wien, Inv. Nr. I.I.2409, Ornamentik II/3

Ägypten ist das Kapitel II, *Aegyptische Ornamente*, gewidmet, Text S. 19 – 25, Tafeln IV – XI.

Kat. Nr. 43

Kat. Nr. 42 Abb. S. 69
Owen Jones, *Grammatik der Ornamente*
siehe oben
Im Text-Teil finden sich detaillierte Angaben zu den Illustrationen der einzelnen Tafeln:
Tafel IV: Aegyptisch – Egyptian N.º I – Égyptiens
 1. *Der Lotos, nach der Natur gezeichnet.*
 2. *Ägyptische Darstellung des Lotos.*
 3. *Eine andere, in einem verschiedenen Grade des Wachsthums.*
 4. *Drei Papyrus Pflanzen, und drei aufgeblühte Lotosblumen nebst zwei Knospen, die ein König als die einem Gott dargebrachte Gabe in der Hand hält.*
 5. *Eine aufgeblühte Lotosblume nebst zwei Knospen mit Bändern zusammengebunden, Typus der ägyptischen Säulen-Kapitäle.*
 6. *Der Lotos nebst Knospen in der Gestalt einer Säule mit Matten umwunden, von einem Gemälde einen Porticus vorstellend.*
 10. *Aegyptische Darstellung der Papyrus Pflanze, vollständiger Typus des Kapitäls, des Schafts und der Basis aegyptischer Säulen.*
 11. *Ditto in Verbindung mit Lotosknospen, Weintrauben und Epheu.*
 12. *Eine Verbindung des Lotos und des Papyrus, eine mit Matten und Bändern umwundene Säule vorstellend.*
 13. *Aegyptische Darstellung des Lotos nebst Knospen.*
 17. *Darstellung des Lotos und des Papyrus wie sie im Nil wachsen.*

Kat. Nr. 43 Abb. S. 68
Owen Jones, *Grammatik der Ornamente*
siehe oben

Im Text-Teil finden sich detaillierte Angaben zu den Illustrationen der einzelnen Tafeln:

Tafel V
1. *Ein aus Federn gebildeter Fächer in einen hölzernen Stamm eingesetzt, der die Gestalt eines Lotos hat.*
9. *Darstellung einer Species des Lotos.*
10. *Der wahre Lotos.*
13.
14. *Gold und Email Vasen in der Gestalt des Lotos.*
15.
16. *Ein Steuerruder, geschmückt mit dem Lotos und dem Auge, die Göttlichkeit darstellend.*

Kat. Nr. 44   Abb. S. 21
Owen Jones, *Examples of Chinese Ornament*, London 1867
Buchdruck, 15 S., 100 Tafeln in Farblithographie, Quart.

Kat. Nr. 42

Strangeways and Walden Printers, London;
Maße: 34,4 x 25 cm, Buchblock 4,5 cm
MAK – Österreichisches Museum für angewandte Kunst / Gegenwartskunst, Wien, Inv. Nr. B. I. 759, Ornamentik II/18

Was für Owen Jones in den historischen Stilen wie in der Naturnachahmung verbindlich und wahr ist, wenn man an die Gestaltung von Ornamenten geht, ist die Erfassung der Prinzipien und die Betonung der Idealisierung gegenüber dem Kopieren.

Aus eben dieser Haltung heraus erklärt sich das hohe Interesse Owen Jones an den stilisierten Lotosblüten, die sich in den Chromolithographien seiner *Examples of Chinese Ornament* (1867) finden – der Primat der Stilisierung gegenüber dem Kopieren der Natur.

RF

Japanischer Lotos jenseits des Japonismus

Lafcadio Hearn: *Lotos. Blicke in das unbekannte Japan*, 1894,
in der deutschen Ausgabe mit Buchschmuck von Emil Orlik

Rainald Franz

„*Lafcadio Hearn ist fast so Japanisch wie das Haiku. Beide sind eine Kunstform, eine Institution in Japan. Das Haiku ist der Nation eingeboren. Hearn ist ein Japaner geworden und hat eine Japanerin geheiratet und den Namen Yakumo Koizumi angenommen. Seine Flucht aus dem Materialismus des Westens brachte ihn 1890 nach Japan. Seine Suche nach Schönheit und Ruhe, angenehmen Umgangsformen und bleibenden Werten, haben ihn für den Rest seines Lebens dort bleiben lassen, als bekennender Japanophiler. Er wurde ein großer Interpret des Japanischen für den Westen. Sein Intellekt, seine poetische Vorstellungskraft und wunderbar klarer Stil erlaubten es ihm, bis ins Innerste des Japanischen vorzudringen.*"

Charles E. Tuttle, Vorwort des Herausgebers
aus LAFCADIO HEARN'S JAPAN: *An Anthology of his Writings on Country and its People*, 1997
(deutsche Übersetzung des Autors)

Was treibt einen auf der griechischen Insel Lefkas am 27. Juli 1850 als Sohn eines anglo-irischen Majors der Britischen Armee und einer einheimischen Mutter Geborenen und nach der Scheidung der Eltern 1856 von einer Großtante in Dublin erzogenen Europäer nach Japan? Als der Journalist Patrick – „Lafcadio" (= aus Lefkas) nannte er sich ab seiner Ankunft in Amerika – Hearn 1890 in Yokohama erstmals seinen Fuß auf japanische Erde setzte, war er vierzig Jahre alt. Er hatte eine „Odyssee" durch Amerika und die Karibik hinter sich. Mit sechzehn hatte er seinen Vater verloren, ein Jahr später musste er aufgrund des finanziellen Ruins seiner Tante die Schule verlassen. Mit neunzehn Jahren ging er nach Amerika und ließ sich in Cincinnati, Ohio, nieder, wo er 1874 Journalist wurde. 1877 zog er nach New Orleans, um eine Reihe von Artikeln zu schreiben und blieb dort bis 1887 im Zeitungsgewerbe tätig, wurde literarischer Übersetzer und in der Folge von der „Harper Publishing Company" angestellt. Harper entsandte Hearn 1887 – 89 als Korrespondent auf die Westindischen Inseln. Offensichtlich entschloss er sich dort nach Japan zu gehen. Seine Übersiedlung scheint durch Kontakte gut vorbereitet gewesen zu sein, denn er wurde durch Basil Hall Chamberlain (1850 – 1935), dem ersten (westlichen) Lehrstuhlinhaber für Japanische Philologie an der neu gegründeten Kaiserlichen Universität Tokio, und Beamte des Japanischen Bildungsministeriums empfangen. Deren Unterstützung war wohl Hearns Übersiedlung nach Matsue (Provinz Shimane) im Sommer 1890 zu danken, wo er eine Stelle als Englischlehrer an der Prefectural Common Middle School übernahm. Er wurde mit dem Provinzgouverneur Koteda Yasusada bekannt und bald zu einem anerkannten Mitglied der Gesellschaft, was sich auch in der Heirat mit Setsu Koizumi, der Tochter aus einem lokalen

Samuraigeschlecht, widerspiegelt. Hearn nahm den japanischen Namen Yakumo Koizumi an. Der Ehe sollten vier Kinder entspringen. Fünfzehn Monate später zog die Familie nach Kumamoto, Kyushu, wo Hearn in den nächsten drei Jahren unterrichtete. Neben der Arbeit stellte er sein erstes dem Land gewidmetes Buch *Lotos. Glimpses of Unfamiliar Japan* fertig, das 1894 erschien. Im Oktober 1894 wurde er Journalist bei der englischsprachigen Zeitung „Kobe Chronicle", ab 1896 lehrte er englische Literatur an der Kaiserlichen Universität Tokio (bis 1903) und an der Waseda Universität. Ab 1898 erscheinen Hearns weitere Bücher über Japan: *Exotics and Retrospective* (1898), *In Ghostly Japan* (1899), *Shadowings* (1900), *A Japanese Miscellany* (1901), *Kwaidan* und *Japan: An Attempt at Interpretation* (beide 1904). Gerade 54-jährig, starb er am 26. September 1904 an einem Herzinfarkt.

Das Rüstzeug für die detailreiche Schilderung der japanischen Lebensart, den Europäern völlig fremden Riten und Gebräuche der von Schintoismus und Buddhismus geprägten Gesellschaft Japans, die erst durch die 1868 erzwungene Öffnung, nach über zwei Jahrhunderten der Isolation, wieder zugänglich wurde, hatte Lafcadio Hearn sich als „Sensationsreporter" in den Vereinigten Staaten erarbeitet. Die genaue Beobachtung, der Detailreichtum, den er bei der Schilderung des täglichen Lebens in Japan an den Tag legte, war durch seine Vertiefung in die Kultur Mittel- und Südamerikas während seines Aufenthaltes auf den Westindischen Inseln vorbereitet worden. Schon sein erstes Buch *Lotos. Glimpses of Unfamiliar Japan* erweist Hearn als in der großen Tradition englischer Reiseliteratur stehenden Autor, der an allem interessiert ist: mit fast ethnographischer Genauigkeit schildert er Essen, Kleidung, Dichtung, Musik, die Kultur der Geisha, Philosophie, Flora und Fauna, die rituellen Selbstmorde von Liebespaaren ebenso wie Begräbnisriten und religiöse Zeremonien. Hearn beschreibt das Alte Japan in einer Periode des totalen Umbruchs und der Öffnung nach Westen, seine subjektive Sicht bleibt durch die Wertschätzung der indigenen japanischen Tradition geprägt. Nicht zuletzt durch seine konsequente Entscheidung selbst Japaner zu werden, hatte sich Hearn auch von der Gemeinschaft der Europäer in Japan abgesetzt, die er in ihrer kolonialen Sicht der einheimischen Sitten und Gebräuche ablehnte. „Der japanische Bauer ist zehnmal mehr ein Gentleman als ein Händler aus dem Westen es je sein könnte", lautet eine charakteristische Äußerung in einem seiner Briefe an Basil Chamberlain. Ebenso verachtete er die christlichen Missionare, die seiner Meinung nach Japan der wahren Spiritualität berauben wollten. *Lotos*, sein erstes Buch, zeigt einen enthusiastischen, ersten Blick des Angekommenen auf Japan, den die Kultur gefangen nimmt. Etwa setzt er die bildhaften, japanischen Schriftzeichen, die er als *„... Ideogramme von einer sprechenden Symmetrie..."* erkennt, *„... wie sie einem bloßen Muster nie eigen sein könnten"* gegen die westlichen, lateinischen Buchstaben, *„... jene unbelebten, trockenen Symbole von Stimmlauten"*.

In der Beschreibung japanischer Tempelhöfe nimmt Hearn auf den Lotus als heilige Pflanze des Buddhismus Bezug, wenn er schreibt: *„Große uralte Bäume sind dort und Weiher... In diesen Weihern werden auch die heiligen Lotosblumen gezogen."* Sein Führer, ein junger buddhistischer Geistlicher, erläutert Hearn die Bedeutung der Pflanze: *„Obgleich im tiefsten Schlamme wachsend, bleibt die Blume rein und makellos. Und die Seele dessen, der inmitten aller Versuchung rein bleibt, ist dem Lotos gleich. Deshalb sieht man auf allen Tempelgärten, überall den Lotos eingemeißelt oder geschnitzt, und auch auf allen Abbildungen Buddhas, unseres Meisters. Im Paradiese wird der Begnadete auf den Kelchen goldener Lotosblumen thronen"* (S. 149/150).

Der griechisch-irischstämmige Amerikaner, der zum Japaner wurde, dessen 100. Todestag im vergangenen Jahr in Japan mit Neuveröffentlichungen seiner Werke offiziell gefeiert wurde,

Kat. Nr. 45

hat weniger wegen der literarischen Qualität seiner Werke denn als *„Interpret der japanischen Seele"* (Roger Pulvers) für das moderne Japan eine Bedeutung erlangt. Lafcadio Hearn wird heute in Japan als Dokumentarist des Vergangenen und *„Beherrscher der verletzten Nostalgie"* (Pulvers) anerkannt.

Im deutschen Sprachraum befriedigten die Schriften Lafcadio Hearns um 1900 ein besonders gesteigertes Interesse an allem Japanischen. Die Reformkunst, allen voran die „Vereinigung Bildender Künstler Österreichs – Sezession", setzte sich intensiv mit dem Vorbild der Kunst und Kultur Japans, was die Wertschätzung des Handwerks und der Einzelleistung des Künstlers in der Grafik betraf, auseinander.

1900 wurde in Wien in der VI. Ausstellung der Sezession die Japansammlung Adolf Fischers gezeigt. Fischer war von den Sezessionisten, wie er im Katalog zur Ausstellung schreibt, *„...ersucht worden, eine Ausstellung zu veranstalten, die die historische Entwicklung des japanischen Holzfarbendrucks in allen ihren Phasen veranschaulicht"*. Etwas geringschätzig fiel das Urteil eines Mitglieds der Sezession über die VI. Ausstellung aus: *„Der Inhalt bietet aber demjenigen, der andere Sammlungen gesehen hat, nicht allzu viel. Den Wienern aber fast allzu viel: denn für die meisten war das junger Wein"*, schreibt Emil Orlik (1870 – 1932), seit 1898 Sezessionist, im Jahr 1900 an seinen Künstlerfreund Fritz Lehrs (1855 – 1938).

Emil Orlik, gebürtiger Prager, Schüler der Privatkunstschule von Heinrich Knirr in München (gemeinsam mit Paul Klee) und ab 1891 der Münchner Akademie, hatte schon 1893 als Maler die Akademie wieder verlassen, um sich vorerst dem Zirkel der Naturalisten um Wilhelm Leibl anzuschließen. Daneben experimentierte er mit Drucktechniken, erprobte gemeinsam mit Bernhard Pankok (1872 – 1943) die Technik des Holzstichs und kam über den Holzschnitt zum Farbholzschnitt nach der Art englisch-französischer Meister, die schon in den 1860er Jahren ihre Vorbilder für Farbgebung und Komposition in der Fläche aus importierten japanischen ukiyo-es bezogen hatten und schließlich zum japanischen Farbholzschnitt selbst. Erste Beiträge in Form von Grafiken Orliks entstanden für die Zeitschrift „Jugend". Schon 1897 war der Grafiker so bekannt, dass im „Pan" Radierungen von ihm veröffentlicht wurden. Durch die Publikation wurde auch Max Lehrs, Direktor des Dresdener Kupferstichkabinetts, auf Orlik aufmerksam, der fortan seine Werke sammelte und ihm lebenslang freundschaftlich verbunden blieb. Durch die Freundschaft mit Rainer Maria Rilke wurde Emil Orlik zum gefragten Buchillustrator. Dem Sezessionisten Orlik genügten die Eindrücke aus zweiter Hand nicht, die ihm japanische Farbholzschnitte, die er auf Reisen nach Holland, Frankreich und England 1898 gesehen hatte, vermittelten. Er wollte die Technik von Japanischen Meistern in Japan erlernen und vor Ort ausüben und schiffte sich folglich am 6. März 1900 in Genua ein. Ende April erreichte er in Yokohama, zehn Jahre nach der Ankunft Lafcadio Hearns dortselbst, um bis 24. Februar 1901 in Nippon zu bleiben. Orlik reiste nach Tokio, von dort wanderte er ins Zentrum und den Norden Japans, etwa nach Nikko, Numuta, Tsugawa, war Ende September 1900 wieder in Tokio, um von neuem über Kamakura, Enoshima, Nagoya nach Kyoto zu wandern, wo er fast durchgehend (Besuche in Tokio und Nara) bis zum Beginn des nächsten Jahres blieb. Briefe an Max Lehrs, die sich heute im Besitz des Münchner Adalbert Stifter Vereins befinden, dokumentieren die starken Eindrücke, die Orlik auf seiner Reise durch Japan erhielt. Orlik besuchte Farbholzschnittdrucker, Holzschneider, studierte mit dem letzten Maler der Kano-Schule Kano Tomonobu (1843 – 1912) japanische Malerei und war in Kontakt mit Ernest F. Fenolosa, Kustos der größten außerjapanischen Sammlung fernöstlicher Kunst in Boston, dem „besten nichtgelben Kenner japanischer Kunst", wie ihn der Wiener Kunstkritiker Ludwig Hevesi bezeichnete. Am 5. Juli 1900 versandte Orlik eine Postkarte mit dem ersten eigenen in Japan angefertigten Holzschnitt. Die zahlreichen Zeichnungen und Aquarelle sowie Pastelle Orliks entstanden auf seinen Wanderungen ohne Dolmetscher und Begleitung an damals noch Ausländern kaum bekannten Orte.

Kat. Nr. 46

Ganz ähnlich wie Lafcadio Hearn war es Orlik ein Anliegen, das alte, noch nicht verwestlichte Japan kennen zu lernen und das Japanische jenseits des Japonismus im Westen zu begreifen. Nach seiner Reise stellte Orlik die Ergebnisse der Japanreise in Brünn, Wien, Dresden und Berlin aus, veröffentlichte Aufsätze zum Thema und galt in Wien fortan als *„Wanderapostel des modernen Holzschnittes"* (Karl Kuzmany). Und wirklich gehörte Orlik zu den ersten Künstlern aus dem deutschsprachigen Raum, die sich dem Originalholzschnitt in Japan zuwandten. Seine Kenntnisse auf diesem Gebiet beeinflussten nicht nur Künstler in und außerhalb der Sezession, sondern fanden auch ihren Niederschlag in der Buchkunst.

Zwischen 1906 und 1910 illustrierte Emil Orlik alle sechs Japan-Bücher Lafcadio Hearns. Seine Grafiken für *Lotos* variieren das Thema der heiligen Blume des Buddhismus im Flächenstil des Farbholzschnitts unter Anwendung von Goldeffekten. Orlik interpretiert die japanischen Erfahrungen in westlicher Weise und wird somit zum kongenialen Gestalter der Texte Lafcadio Hearns. Wie sehr Hearns Texte im deutschen Sprachraum geschätzt wurden, zeigen Vorworte, die Stefan Zweig und Hugo von Hofmannsthal zur Übersetzung von Bertha Franzos verfassten. So schreibt etwa Hofmannsthal im Vorwort zu *Kokoro*, Hearn sei vielleicht der einzige Europäer, der Japan ganz gekannt und ganz geliebt habe, *„...mit der Liebe, die das innere Leben des geliebten Landes mitlebe"*.

Literatur:

Ludwig Hevesi, *Altkunst – Neukunst*, Wien 1909, S. 435 • Kat. der *VI. Ausstellung der Vereinigung Bildender Künstler Österreichs – Sezession*, Wien 1900 • Setsuko Kuwabara, Emil Orlik – ein österreichischer Künstler in Japan, in: J. Wieninger, P. Pantzer, Katalog *Verborgene Impressionen. Japonismus in Wien 1870 – 1930*, Wien 1990, S. 77 – 85m • K. M. Kuzmany, Jüngere Österreichische Grafiker, II. Holzschnitt, in: *Die graphischen Künste*, 31, Wien 1908, S. 70 • E. Otto (Hg.), *Emil Orlik. Leben und Werk 1870 – 1932. Prag. Wien. Berlin*, Wien 1997 • C. E. Tuttle, *LAFCADIO HEARN'S JAPAN: An Anthology of his Writings on Country and its People*, 1997 • R. Pulvers, A divided Reputation. Lafcadio Hearn: Interpreter of two disparate worlds, The Japan Times, 19. Jänner 2000.

Kat. Nr. 45   Abb. S. 72
Lafcadio Hearne (1850 – 1904), *Lotos – Blicke in das unbekannte Japan*
Deutsche Ausgabe, Frankfurt am Main / Rütten & Leoning, 1922
[Erstausgabe: *Lotos. Glimpses of Unfamiliar Japan*, 1894]
Buchdruck, 301 S., Druckerei Brandstätter / Leipzig, Buchschmuck von Emil Orlik (1870 – 1932), 19 x 12 cm, Buchblock 2 cm
MAK – Österreichisches Museum für angewandte Kunst / Gegenwartskunst, Wien, Inv. Nr. B. I. 40397, Ausstattung I 313/3

Haupttitel von Emil Orlik

Kat. Nr. 46   Abb. S. 73
Lafcadio Hearne, *Lotos – Blicke in das unbekannte Japan*
siehe oben

S. 73: „Der Markt der Toten"
Buchillustration von Emil Orlik: Auf einer Lotusblüte in ornamentaler Landschaft sitzender Buddha

Ausgewählte Zitate aus Hearnes Buch, die sich auf Lotosblumen beziehen:
S. 41: *„...aber noch habe ich das Antlitz Buddhas nicht geschaut. Immer wieder...wenn ich ohne Schuhe in weihrauchduftendes Dämmer trat in Zaubergärten voll goldener Papierlotosblumen, spähten meine Augen...vergebens nach seinem Bilde".*
S. 47: *„...der melancholisch-rhythmische Gesang...verkündet uns, dass der Vormittagsdienst abgehalten wird: die Priester singen den in das Chinesische übertragene Sanskrittext, indem sie das Sutra intonieren, das Sutra vom ‚Lotos des guten Gesetzes'".*
S. 67: *„....Aber aus dem purpurnen See steigt etwas Kristallhelles empor, wie ein schöner, klarer Wasserstrahl – der Stengel einer Blume – ein wundersamer Lotos, der eine Seele zu den Füßen eines Priesters emporträgt, welcher am Rand des Abgrunds steht. Durch die Kraft seines Gebetes entstand der Lotos, der sich erhob und die Seele des Gepeinigten rettete."*
S. 85: *„Hier sind die Verkäufer von Lotosblumen für die Gräber und Altäre – von Lotosblättern, in die man die Speisen für die geliebten Geister der Abgeschiedenen aufhäuft. Die Lotosblumenknospen und – Blüten sind in große Sträuße gebunden, die von leichten Rahmen aus Bambus gestützt werden."*

RJ

Kat. Nr. 23

Abb. S. 75:
Kat. Nr. 79 (Detail) >

Stichwort:
Lilie

Im Zeichen der Lilie

Johannes Ramharter

„… Da zerriss der Batist, ihre Schultern wurden entblößt, und auf einer dieser schönen weißen Schultern erblickte d'Artagnan zu seinem unaussprechlichen Schrecken die Lilie, das nie zu tilgende Mal, das die Hand des Henkers aufdrückt…"

Alexandre Dumas, Die drei Musketiere

Zu den Grundelementen der Soziologie gehören Zeichen, die dem Eingeweihten bestimmte Botschaften vermitteln, Menschen miteinander verbinden oder auch voneinander ausschließen. D'Artagnans Erschrecken beim Anblick der entblößten Schultern von Mylady wird nur durch das Wissen verständlich, dass die eingebrannte Lilie kein harmlos verschönerndes Mal ist, sondern die Markierung des Henkers, die den Delinquenten entstellen und Dritte für alle Zeiten vor verurteilten Verbrechern warnen sollte.

Mit der Verstärkung der Schutzbewaffnung der Ritter im hohen Mittelalter ergab sich die Notwendigkeit, den einzelnen Kämpfer kenntlich zu machen, um Freund und Feind unterscheiden zu können. Dieses militärische Erfordernis wurde zu einer der stärksten Triebfedern bei der Entwicklung des abendländischen Wappenwesens, der Heraldik. Dabei dienen der Unterscheidung der Träger nicht nur Farben oder geometrische Muster, die als *„Heroldsbilder"* bezeichnet werden, sondern auch bildliche Darstellungen, in der Heraldik *„gemeine Figuren"* genannt.

Diese gemeinen Figuren sind häufig aus der Tier- und Pflanzenwelt genommen und sollen den Träger des Wappens mit einer besonderen Eigenschaft des Dargestellten verbinden. Bei der Wahl der Lilie spielte zweifellos der marianische Hintergrund dieser Pflanze eine besondere Rolle, der aus dem Hohelied Salomons in der Bibel abgeleitet wurde. Wenn es hier in Vers 2,1–2 heißt *„Ich bin eine Blume auf den Wiesen des Scharon, eine Lilie der Täler. Eine Lilie unter Disteln ist meine Freundin unter den Mädchen"*, so hat die Kirche dies als Metapher für die jungfräuliche Gottesmutter verstanden und ihr diese Blume in der Allegorie in besonderer Weise zugeordnet.

König Ludwig VII. (1120 – 1180) von Frankreich wählte die Lilie zum Wappensymbol seiner Familie und begründete damit die Tradition, die bis zum endgültigen Untergang der bourbonischen Monarchie im 19. Jh. andauern sollte. Dieses Symbol war später so eng mit Frankreich verbunden, dass die Pflanze in ihrer eigentümlich stilisierten Form als *„Francisca"* bezeichnet wurde. Nur in ganz seltenen Fällen fand die Lilie nämlich in ihrer natürlichen Gestalt Einzug in die Heraldik, etwa im Wappen der Stadt Fulda. In diesem Fall symbolisiert die Pflanze den Schutzpatron der Stadt, den hl. Pirmin.

1147, dem Jahr, in dem Ludwig per Dekret die Lilie als königliches Zeichen Frankreichs festlegte, stand der König vor seinem Aufbruch zum Zweiten Kreuzzug. Gerade ein multinationaler Verband – eine zweite Heeressäule marschierte aus Deutschland in den Orient – benötigte in besonderer Weise ein einendes gemeinsames Zeichen. Bei der Wahl des Wappenbildes mag die marianische Ausrichtung der Zisterzienser, die die Haupttriebfeder des Unternehmens bildeten, eine Rolle gespielt haben.

Andererseits wurde vermutet, dass der Gleichklang der französischen Bezeichnung der Pflanze, *„Fleur-de-lis"* mit dem des König als *„Fleur-de-Louis"* eine Rolle gespielt haben mag. Spätere gelehrte Deutungen des 14. Jh.s berichteten überdies von einer Legende, nach der König Clodwig, der 496 zum Christentum konvertierte, die Lilie vor der Entscheidungsschlacht gegen die Alemannen auf himmlische Weisung von einem Einsiedler überreicht bekam. Ludwigs Sohn Philipp August trug bei seiner Krönung 1179 einen Mantel mit einem Streumuster aus Lilien, 1376 wurde schließlich die Zahl der Lilien im französischen Wappen von König Karl V. auf drei festgelegt. Aber nicht nur zur Kenntlichmachung von Kämpfern oder Stadttoren war das Wappen unverzichtbar. In einer Gesellschaft, in der nur eine geringe Schicht des Lesens kundig war, musste das umlaufende Geld in erster Linie durch Zeichen zugeordnet werden. Dies galt in besonderer Weise für die Goldmünzen, deren Verwendung vornehmlich dem Fernhandel und der Wertbewahrung diente (Kat. Nr. 47). So zeigt die erste französische Goldmünze, die von König Ludwig dem Heiligen (1226 – 1270) eingeführt wurde, diesen Wappenschild mit den Lilien und wurde dementsprechend als *Ecu* (Schild) *d'or* bezeichnet. Das Wappen des Königs von Frankreich war im 15. Jh. bereits derart geläufig, dass es auch im Bereich der Spielkarte zur Iden-

„Hofämterspiel" für König Ladislaus „Postumus" (?), entstanden um 1455, Spielkarten: Frankreich „König" und „Jungfrau" (VI), Kunsthistorisches Museum Wien, Kunstkammer, Inv. Nr. KK 5114 und KK 5118

tifizierung verwendet werden konnte. War beim so genannten „Schweizer Spiel" eine der Kartenfarben durch ein Wappen gekennzeichnet, so lag es nahe sich dabei an bestehenden Königreichen zu orientieren. Beim Kartenspiel des Meisters E.S. in der Graphischen Sammlung Albertina ist derart der elegant am Thron sitzende König durch das „Drei-Lilien-Wappen" als Frankreichs Herrscher zu identifizieren. Das etwas ältere Hofämterspiel geht in dieser Hinsicht noch einen Schritt weiter und ordnet jeder der vier Kartenfarben ein Landeswappen zu, Böhmen, Ungarn, Römisches Reich und Frankreich (Abb. S. 77). Die Spielkarte ist der ideale Spiegel einer feudal-hierarchisch gegliederten Gesellschaft mit Königen, Damen, Ober- und Unterfiguren. Beim Hofämterspiel ist dieser Gedanke vollständig durchgehalten, gibt es dabei ausschließlich Figurenreihen ohne die sonst geläufigen Zahlenreihen.
Indirekt trug der französische König Ludwig VII. zur Verbreitung der Lilie über den Ärmelkanal bei. 1137 hatte der König Eleonore von Aquitanien (um 1123 – 1204) geheiratet. Als dem Paar Kinder versagt blieben, trennte sich Ludwig von seiner Frau, die daraufhin den Sohn des Herzogs von Anjou, Heinrich Plantagenêt (1133 – 1189), heiratete. Mit den Nachkommen dieses Paares, die für lange Zeit den englischen Thron innehatten, begann der verlustreiche Konflikt zwischen England und

Frankreich. Um den Anspruch der englischen Könige auf den französischen Thron zu dokumentieren, nahm Eduard III. die französische Lilie in das englische Wappen auf, in dem sie bis Georg III., 1801, verblieb (Kat. Nr. 50). Weitere Verbreitung fand die Lilie als Wappen durch den internationalen Aufstieg der Nebenlinie Anjou des französischen Königshauses. Mit dem Tod Kaiser Friedrich II. sah der Papst 1250 die Gelegenheit, sich von der Umklammerung durch die Länder der Staufer, im Norden des Römischen Reiches, im Süden des Königreiches Sizilien, zu befreien und bot die Herrschaft in Süditalien einem Bruder des französischen Königs, Karl von Anjou (1226 – 1285), an. In der Schlacht bei Benevent schlug Karl 1266 Manfred, einen unehelichen Sohn des Kaisers, der die Herrschaft zuvor innegehabt hatte. Als es ihm wenig später auch gelang, Konradin, den Enkel Kaiser Friedrichs, in der Schlacht bei Tagliacozzo 1268 zu besiegen, war er unbestrittener König von Sizilien. Zu seinen Reformen zählte eine Erneuerung des Münzwesens (Kat. Nr. 48). Dabei wurde als Münzbild für Silbergroschen und Goldmünzen eine Darstellung von Mariae Verkündigung gewählt. Der Silbergroschen, der ab 1303 in Neapel geprägt wurde, führte gar nach dem Wappen des Königs den Namen „*Gigliato*" (mit der Lilie) und wurde als erfolgreiche Großmünze lange noch nach dem Untergang der Dynastie im Königreich Neapel weitergeprägt. Karls Verwaltung, die sich vorwiegend auf zuverlässige Franzosen stützte, war in Süditalien

Kat. Nr. 47, 48, 49

bald mehr als unbeliebt. 1282 löste das arrogante Verhalten der französischen Ritter in Palermo die sogenannte „*Sizilianische Vesper*" aus, bei der alle Ausländer unterschiedslos ermordet wurden. Karl und seine Nachfahren waren dadurch auf den am Festland gelegenen Teil seines Königreiches beschränkt, erst im 15. Jh. sollten beide Teile wieder vereint werden. Der König versuchte von seinen Besitzungen in der Provence und von Sizilien ausgehend ein Königreich um das Mittelmeer zu schaffen und konnte dabei auf dem Balkan einige Erfolge verbuchen. In Fortführung dieser Politik heiratete Karls Sohn gleichen Namens Maria, die Tochter König Stephans von Ungarn, wodurch die Anjou nach dem Aussterben der Königsfamilie der Arpaden mit päpstlicher Unterstützung auch die Krone Ungarns erlangten. 1307 wurde Karl Robert von Anjou (1288 – 1342) zum König von Ungarn gekrönt und begründete eine Herrscherdynastie, die bis 1385 an der Regierung blieb (Kat. Nr. 49). Zahlreiche französische Städte führen aus royalistischer Tradition die Lilien bis heute im Wappen, theoretisch nur die vierzig Städte, deren Bürgermeister das Recht hatten, bei der Krönung des Königs anwesend zu sein, tatsächlich aber mehr als die genannte Zahl. So hat die Stadt Lille, deren Henker Mylady im eingangs zitierten Roman Dumas derart verunstaltet hatte, bis heute ein Lilienwappen, der Name der Stadt selbst hingegen hat mit der Blume nichts zu tun, sondern leitet sich von einem geographischen Begriff (*l'Isle*, die Insel) ab.

Kat. Nr. 50, 51, 52

Mit einem Dekret von 1697 wurde Untertanen des französischen Königs die Verwendung der goldenen Lilie auf blauem Grund ohne Genehmigung durch den König ausdrücklich untersagt. Spätestens in der Neuzeit wurde die Lilie allgemein als Symbol Frankreichs verstanden, sodass sie in ihrer charakteristisch heraldischen Form außerhalb des französischen Einflussbereiches nicht sehr häufig ist. Eine Ausnahme bildet das Wappen von Wiesbaden in Deutschland, hier begründet durch das Bemühen der Stadt sich vom Wappen des Stadtherrn, dem Nassauischen Löwen, abzugrenzen. Um 1500 übernahm man deshalb das Lilienwappen als vermeintliches Wappen Karls des Großen.

Als „sprechendes" Wappen wird die Stadt Florenz als die „Blühende" durch eine Lilie gekennzeichnet, deren Stilisierung von der französischen abweicht. Über dieses Stadtwappen wurde die Pflanze in der Neuzeit Teil des aus neun Kugeln bestehenden Wappens der Medici, die für einige Jahrhunderte die Geschicke der Toskana bestimmten. 1252 entschloss sich Florenz zur Prägung von Goldmünzen, die auf der einen Seite den Stadtheiligen Johannes den Täufer, auf der Rückseite aber das Wappen der Stadt, die stilisierte Lilie zeigte. Bis dahin hatte das Münzwesen nur einen einzigen Münztypus gekannt, den Silberpfennig. Die neue Münze sollte dem Handel eine überregional akzeptierte Münze höheren Wertes zur Verfügung stellen. Als dringend benötigte überregionale Handelsmünze erfreute sich der als *Fiorino d'oro* bezeichnete Typus bald großer Beliebtheit in Mittel- und Westeuropa und wurde dementsprechend häufig imitiert. Nach ersten Imitaten im päpstlichen Avignon wurde 1325 durch den böhmischen König Johann ein eigener Florin geprägt (Kat. Nr. 52) eine gleichartige Münze führte etwa gleichzeitig König Karl Robert in Ungarn ein (Kat. Nr. 53). Im heutigen Österreich ließ Herzog Albrecht II. ab 1345 Florene in Judenburg prägen (Kat. Nr. 54), knapp gefolgt von den Grafen von Görz in ihrer Münzstätte in Lienz (Kat. Nr. 55).

Die Besonderheit dieser Imitate bestand darin, dass im Interesse der Akzeptanz der Münze der jeweilige Münzherr zunächst weitestgehend nach Florentiner Muster die Bildzeichen des Vorbildes, Lilie und Bild Johannes des Täufers, übernahmen. Der Unterschied zeigt sich dem Schriftkundigen erst beim Lesen der Umschrift, die auf den jeweiligen Emittenten Bezug nahm. Erst nach der Mitte des Jahrhunderts war der Münztypus so allgemein akzeptiert, dass man beginnen konnte die bildlichen Darstellungen mit Motiven der eigenen Heraldik oder Symbolik zu gestalten. Erhalten blieb aber die Abkürzung, die bis zum Ende der Gulden diesen Währungstypus mit den Buchstaben fl. kennzeichnete.

Von den prominenten internationalen Adelsfamilien führte vor allem die Farnese die Lilie im Wappen. Diese umbrische Familie stand im 16. Jh. am Höhepunkt ihres politischen Einflusses, als Kardinal Alessandro Farnese als Paul III. (1468 – 1549) auf dem Päpstlichen Stuhl saß und die Familieninteressen rücksichtslos fördern konnte. 1546 stiftete der Papst einen Lilienorden, der in geschickter Weise das marianische Gedankengut, das in diesem Jahr auf dem von ihm initiierten Konzil von Trient besonders gefestigt worden war, mit dem Symbol der Familie verband. Zu den angesehensten Feldherrn seiner Zeit gehörte der Nachkomme des Papstes, der Herzog von Parma, Alessandro Farnese (1545 – 1592). Als Statthalter des spanischen Königs gelang es ihm 1585 im Freiheitskrieg der Niederlande wenigstens den Süden des Landes der spanischen Krone zu erhalten. Das spektakulärste Ereignis war dabei die einjährige Belagerung und Eroberung von Antwerpen in August 1585 (Kat. Nr. 56, 57). Durch das vergleichsweise neue Medium der politischen Druckgraphik wurden die Episoden dieser Belagerung einem weiten Publikum in Europa bekannt.

Mit der Französischen Revolution verschwand die Lilie zunächst aus der staatlichen Heraldik, lediglich die Provinz

Quebec in Kanada führt weiterhin die Bourbonische Lilie. Mit dem Zerfall von Jugoslawien 1992 ergab sich die Problematik neuer staatlicher Symbole, sollte doch in der labilen Situation der ethnischen Vermischung des Balkans keine Volksgruppe provoziert werden. Die bosnischen Truppen hatten im Kampf zunächst die Farbe Grün und den Halbmond verwendet, Symbole, die in keinem Fall von den Kroaten und Serben akzeptiert worden wären. Aus diesem Grund wurde eine Kommission eingesetzt, um eine neue Fahne zu entwickeln, die zudem noch unter hohem Zeitdruck stand, benötigte man doch für die Teilnahme an den Olympischen Spielen im Februar 1998 in Nagano ein Identifikationssymbol. Da es zu keiner parlamentarischen Einigung kam, legte man interimistisch die Lilie als Grundlage des Wappens fest, wobei man sich auf Tvrtko Kotromani (1338 – 1391) berufen konnte, der im 14. Jh. ein bosnisches Königreich begründet hatte.

Bis um die Mitte des 18. Jh.s waren in den Städten Mitteleuropas die Häuser nicht nach Nummern geordnet, sondern der Fremde musste sich an so genannten „Hauszeichen" orientieren. So gab es nicht nur in Erfurt, Frankfurt am Main und in Zürich, sondern auch in Wien ein *„Haus zur weißen Lilie"*, das sich an der Adresse Krugerstraße 10 befand und erst 1956 abgerissen wurde. Das Haus stand im 17. Jh. im Besitz von Helena Dorothea, der ersten Gattin von Rüdiger Graf Starhemberg. Aus diesem Grund wurde der Liegenschaft am 20. Dezember 1683 kurz nach der vom Grafen geleiteten erfolgreichen Verteidigung von Wien vom Magistrat aus Dankbarkeit für die Errettung von den Türken Steuerfreiheit verliehen, solange sie im Besitz der Familie verblieb.

Jean Garnière (um 1615 – 1666), Richelieu entfernt Raupen von einer Lilie, Kupferstich, um 1637

Ebenfalls von einem Hausnamen hatte eine wichtige Studentenorganisation im Wien des Spätmittelalters ihre Bezeichnung. Die Lilienburse wurde in den Jahren 1450 bis 1457 von dem Passauer Domdekan und Lizenziaten der Rechte Burkard Krebs gegründet. Wie alle anderen Bursen hatte sie die Aufgabe zehn Studenten aus Württemberg in Wien finanzielle Unterstützung zu gewähren. Dazu war ein Kapital von 3000 rheinischen Gulden gestiftet, das bei den Städten Nördlingen und Dinkelsbühl verzinst war. Im Jahre 1465 erwarb Krebs für seine Stiftung das Haus Schönlaterngasse 15, das früher dem Stift Lilienfeld gehört hatte und aus diesem Grund das Hausschild „Zur Lilie" trug, das die Burse übernahm. Durch die *Sanctio Pragmatica* von 1623 ging auch diese Burse, wie alles andere Vermögen der Universität, an die Jesuiten über, das Haus wurde 1625 an Peter Pazmany, Bischof von Gran verkauft, der eine Stiftung für ungarische Kleriker eingerichtet hatte.

Ursprünglich nicht als Lilie gemeint war das Zeichen der Pfadfinder. Lord Robert Baden-Powell (1857 – 1941), der Begründer der Bewegung, wollte das Zeichen eigentlich als stilisierte Kompassnadel verstanden wissen, „*das in die richtige Richtung (nach oben) zeigt und weder nach rechts noch nach links abweicht*". Angesprochen auf die Ähnlichkeit mit militärischen Emblemen, deutete er die Lilie im mittelalterlichen Sinne als ein Zeichen des Friedens und der Reinheit.

War das Zeichen des Wappens eine Möglichkeit Zusammengehörigkeit sinnfällig zu machen, so hat der andere Bereich der europäischen Bildersprache, die Emblematik, eine andere Funktion. Hierbei handelt es sich um eine in der frühen Neuzeit entwickelte Symbolsprache, die zunächst für wenige Eingeweihte Erkenntnisse und Weisheiten vermitteln sollten und deshalb in der Regel mit einem Motto und einer erklärenden Beischrift versehen ist. Im Barock wurde diese Sprache der Symbole zum allgemein verständlichen Deutungs- und Erklärungsmuster. Ein schönes Beispiel für die Verbindung von Emblem und Wappen in der politischen Publizistik des 17. Jh.s bringt ein Kupferstich von Jean Garnière (um 1615 – 1666), der aus Anlass des französisch-spanischen Krieges Kardinal Richelieu zeigt, wie er mit einer Pinzette die französische Lilie von Dornen, Insekten und Schnecken, die als Parasiten auf ihr leben, reinigt und ihr damit ihre ursprüngliche Reinheit wieder gibt (Abb. S. 81).

Kat. Nr. 53, 54, 55

Kat. Nr. 47   Abb. S. 78
Ange d'or, Philipp VI. von Frankreich (reg. 1328 – 1350), Münzstätte unbestimmt, ab 1341 geprägt, Gold, Ø 32,2 mm
Kunsthistorisches Museum Wien, Münzkabinett, Inv. Nr. 21551a

Kat. Nr. 48   Abb. S. 78
Saluto d'oro, Karl I. von Neapel und Sizilien (reg. 1265 – 1285), Münzstätte Neapel, Gold, Ø 23 mm
Kunsthistorisches Museum Wien, Münzkabinett, Inv. Nr. 18419 a

Kat. Nr. 49   Abb. S. 78
Goldgulden, Ludwig I. von Ungarn (reg. 1342 – 1382), Münzstätte Buda, ca. 1364 – 1372 geprägt
Gold, Ø 22 mm
Kunsthistorisches Museum Wien, Münzkabinett, Inv. Nr. 149633

Kat. Nr. 50   Abb. S. 79
Salut d'or, Heinrich VI. von England (reg. 1422 – 1461), Münzstätte Dijon, Gold, Ø 28 mm
Kunsthistorisches Museum Wien, Münzkabinett, Inv. Nr. 168118

Kat. Nr. 51   Abb. S. 79
Floren, Florenz, Münzstätte Florenz, zw. 1252 – 1303 geprägt, Gold, Ø 20 mm
Kunsthistorisches Museum Wien, Münzkabinett, Inv. Nr. 26696 a

Kat. Nr. 52   Abb. S. 79
Floren, Johann von Böhmen (reg. 1310 – 1346), Münzstätte Prag, ab 1325 geprägt, Gold, Ø 21 mm
Kunsthistorisches Museum Wien, Münzkabinett, Inv. Nr. 6504 a

Kat. Nr. 53   Abb. S. 82
Floren, Karl Robert von Ungarn (reg. 1307 – 1342), Münzstätte unbestimmt, Gold, Ø 20,4 mm
Kunsthistorisches Museum Wien, Münzkabinett, Inv. Nr. 149605

Kat. Nr. 54   Abb. S. 82
Floren, Herzog Albrecht II. von Österreich (1330 – 1358), Münzstätte Judenburg, ab ca. 1350 geprägt, Gold, Ø 20 mm
Kunsthistorisches Museum Wien, Münzkabinett, Inv. Nr. MA 7855

Kat. Nr. 55   Abb. S. 82
Floren, Heinrich III. (reg. 1338 – 1363) und Meinhard IV. von Görz (reg. 1338 – 1385) , Münzstätte Lienz, Gold, Ø 21 mm
Kunsthistorisches Museum Wien, Münzkabinett, Inv. Nr. MA 7871

Kat. Nr. 56   Abb. S. 84
Natale Bonifazio, Einnahme von Antwerpen, 1585
gedruckt bei Donato Bresciano, Borgo di Roma, 1585
Bezeichnet oben: *VERO ET NVOVO DISEGNO DELLA PIANTA DELLA CITTÁ DI ANVERS–CON TVTTI GLI SVOI FORTI–ASSEDIATA / AL PRESENTE DAL SERENIS.°*

Kat. Nr. 56

Kat. Nr. 57

SIG.r PRENCIPE DI PARMA–ET ALLAGATA DAL FIVME SCHELDA NELLO STATO SI TROVAVA IL DI / XV–DI DECEMBRE MDLXXXIIII –Le Bandiere della Lettera–R–mostrano le Fortezze del Re & quelle dell–F–de Fiamminghi cioe d'Anversa.
Unten Mitte: Kartusche mit Farnese-Wappen unter Kardinalshut
Kupferstich, 243 x 344 mm
Universitätsbibliothek Salzburg, Inv. Nr. G III 30

Kat. Nr. 57 Abb. S. 84
Petrus de Nobilibus, Einnahme von Antwerpen, 1585
Bezeichnet oben: *IL VERO DISEGNO DEL MIRABILE ASSEDIO DELLA FORTISSIMA CITÁ DE ANVERSA FATTO DAL SERENISSIMO ALEXANDRO FARNESE / PRINCIPE DE PARMA GOVre LVOCO TENENTE ET CAPP: GENERALE DE S: MAESTA CATHOLICA NELLE PARTI DELLA FIANDRA DEL 27 agosto 1585*
Rechts unten: Farnese-Wappen unter Kardinalshut
Kupferstich, 376 x 497 mm
Universitätsbibliothek Salzburg, Inv. Nr. III G 35

Strahlend weiß und Feuer rot

Die Lilie in Werken der Botanik aus dem 16. – 18. Jh.

Ursula Härting

„Die Zwiebel... in Wein gesotten, und offt auf die Hühner- oder Eiter=Augen gelegt, vertreibet dieselbigen: zerstossen und mit Eßig und Weitzen=Mehl vermischet, vertreibet die Hitze und Geschwulst am Gemächte: In Asche gebraten und mit Rosen=Oel zerstossen, löscht gewaltig den brand vom Feuer, den Schaden damit bestrichen. Sennert.V. Pract. P. III. Sect.2, c.8. bezeuget, daß auch die Wurtzeln an verbrannten Orten das Haar wiederum wachsend machen."

Zedler, Großes Universal-Lexicon... 1732

Schon Dioskurides beschrieb Lilien und ihre arzneiliche Verwendung, doch begleitete keine Illustration seine Texte. Dioskurides (um 40 – 90 n. Chr.), griechischer Arzt und Pharmakologe, ist der Verfasser einer Arzneimittelkunde in fünf Bänden, die über eineinhalb Jahrtausende die unumstößliche Grundlage des Wissens für Ärzte und Apotheker war. Ausführliche Beschreibungen, Beschaffenheit von Wuchs, von Blättern, Blüten, Stengeln der Pflanzen begleiten seine medizinischen Ratschläge. Erst mit den botanischen Illustrationen wurden solche ausführlichen Schilderungen der Pflanzen in medizinischen Büchern unnötig.

1567 gelangte die erste illuminierte Fassung der Schriften des Dioskurides, die erst 400 Jahre nach seinem Tod entstanden war, in die kaiserliche Bibliothek nach Wien (Österreichische Nationalbibliothek, Wien, Inv. HAN: Dod.Med.gr.1), sie ist noch nicht gedruckt, sondern handschriftlich auf 512 Pergamentseiten gemalt. Jahrhundertelang zog dieses eine Buch mit seinen Illuminationen Forscher, Ärzte und Apotheker aus aller Welt in seinen Bann.

Dass schneeweiße Madonnenlilie und feuerrote Türkenbundlilie tatsächlich schon im frühen Mittelalter in deutschen Gärten standen, belegt das fränkische *Capitulare de villis vel curtis imperialibus* von Kaiser Karl dem Großen (747 – 814). Kapitel 70 dieser Verordnung über die Bepflanzung von Hofgütern beginnt mit der Aufzählung der Pflanzen, allen voran gehen die Lilien *„Volumus quod in horto omnes herbas habeant, id est lilium, rosas,..."* Auch Karls *Capitular* musste noch ohne Illustrationen auskommen. Doch eine Originalseite einer Abschrift des *Capitulare* aus dem Jahr 1655 weist Holzschnitt-Illustrationen auf, und auf einer dieser Seiten erscheint darin die Abbildung einer Türkenbundlilie.

Trotz der Erfindung der Druckkunst, den eingebundenen Holzschnitten oder Kupferstichen und anderer Techniken blieben illustrierte Bücher jedweder Natur noch bis ins 20. Jh. überaus kostspielig und einer Elite vorbehalten.

Matthias Lobelius hatte 1576 in Antwerpen seine Schrift *Plantarum seu stirpium historia* drucken lassen. Ein Buch voller Beschreibungen von Pflanzen und voller Geschichten über ihren Wuchs, ihr Aussehen, ihre Heimat, ihre Wege zu uns nach Europa, ihre Heilwirkungen – doch ohne Illustrationen. Fünf Jahre später folgte sein Atlas *Plantarum seu stirpium icones,* verlegt 1581 bei Plantin in Antwerpen. 2173 Illustrationen in Holzschnitt-Technik offenbaren darin nun das Aussehen der Pflanzen. Allein die lateinischen Namen stehen über

ihren Darstellungen, und im Index des ungewöhnlichen Buches in oblongem Format erscheinen ihre Namen auf Flämisch, Französisch, Portugiesisch, Englisch und Deutsch. Es handelt sich um ein überaus reiches Kompendium blühender Pflanzen, ein Bestimmungsbuch für Europa, ganz ohne Text und Beschreibung.
Dagegen ist der *Hortus Eystettensis* (Kat. Nr. 58, 59) das Inventar der Pflanzen und Blumen eines einzigen Gartens. Der schwierige Name ist die latinisierte Form für den Garten an der Willibaldsburg in Eichstätt. Fürstbischof Johann Conrad von Gemmingen (1561 – 1612) ließ den Garten anlegen. 1592 beauftragte er den Arzt und Botaniker Joachim Camerarius (1534 – 1598) mit der Planung und der praktischen Umsetzung der neuen Gartenanlage. Camerarius lebte zu dieser Zeit in Nürnberg, nachdem er in Wittenberg, Leipzig, Breslau, Padua und Bologna studiert hatte. Das Netz zwischen Botanikern, Ärzten, Apothekern in aller Welt und ihren aristokratischen, kirchlichen und großbürgerlichen Auftraggebern war weit gespannt. Der Apotheker Basilius Besler (1561 – 1629) folgte Camerarius nach dessen Tod im Jahr 1598 in der Leitung der Arbeiten am Garten in Eichstätt nach. Besler besaß am Heumarkt im nahe gelegenen Nürnberg eine Apotheke, er war Botaniker und Sammler von Naturalien, und Geschäftsmann. Sein Bruder Hieronymus Besler (1566 – 1632) und der Professor für Botanik in Nürn-

Kat. Nr. 58

berg, Ludwig Jungermann (1572 – 1653), unterstützten Besler in seinen Aufgaben im Garten und bei der Publikation des Prachtwerks. Erstmals erschien dieses kolossale Inventar mit den Eichstätter Gartenpflanzen und -blumen im Jahr 1613. 1084 Pflanzen sind dargestellt, darunter persische, rote und weiße Lilien mit ihren „Zwiffeln". Das große Format dieser Tafeln beeindruckt, damals wie heute, ebenso der damalige Preis von 35 Gulden für ein unkoloriertes Exemplar. Ein Zimmermansknecht verdiente im Monat etwa 8 Gulden. 500 Gulden für ein koloriertes Buch erschien unter solchen Bedingungen utopisch. Das Exemplar der Österreichischen Nationalbibliothek, Wien, Inv. SIAWD 68.A.24, wurde von Magdalena Fürstin (1652 – 1717), einer Schülerin von Maria Sibylla Merian koloriert, sie benötigte mit Gehilfen sechs Jahre dazu. Strahlend weiß die Madonnenlilie, feuerrot die Feuerlilie, so wählte sie die Farben, ganz ohne Anleitung.
Und doch war bereits nach wenigen Monaten die erste Auflage dieses Garteninventars von 300 Exemplaren ausverkauft. Vor allem wurde hier botanisches Interesse zufrieden gestellt, obwohl doch Besler, der Apotheker, um die medizinischen Wirkungen wusste, verlegte er das Buch mehr aus botanischem, ästhetischem und geschäftstüchtigem Interesse. Einige Ausgaben kommen gänzlich ohne Text aus, in den anderen wird kaum etwas über Heilwirkungen berichtet.

Die Kupferstiche dokumentieren nicht den Standort der Blumen im Garten, sondern allein ihr Aussehen. Unter den Frühlingspflanzen dokumentiert Besler die Kaiserkronen und die Lilien, von denen einige wegen ihrer Seltenheit als sehr kostspielig galten. Kat. Nr. 58 zeigt links die Zwiebel, Stengel und Blätter der bulbillentragenden Feuerlilie, die mittig ganzfigurig gezeigt wird, daneben rechts ein Tausendguldenkraut. Bei den Bulbillen handelt es sich um die kleinen braunen Zwiebelchen, die in den Achseln sitzen, und die neben der Erd-Zwiebel für Vermehrung sorgen können.

Den geradezu magischen Zauber der von der ästhetischen Wirkung dieser Tafeln ausgeht, spürt man noch heute. So stehen die Pflanzen auf den Eichstätter Tafeln nicht in einem naturwissenschaftlichen Zusammenhang, sondern sie entsprechen künstlerischen Kompositions-Prinzipien. Das Tausendguldenkraut mit gelben Köpfen, hier rechts, füllt auf seine sehr bescheidene Art den Raum neben der prunkenden Feuerlilie. Der oder die bislang unbekannten Zeichner der Tafeln haben sie durchgehend künstlerisch komponiert, freie Flächen mit Blättern gefüllt, Blüten drapiert, hier die mittig stehende Madonnenlilie flankiert von grünen Stämmen über dicken Zwiebeln, wie in Kat. Nr. 59 zu sehen. Dort beschirmt oder besser schaut die rote, byzantinische Lilie auf die weiße Lilie hinunter. Deren dichte Blütenfülle wird von den Begleitern eng umschlossen und

Kat. Nr. 59

wirkt dadurch noch üppiger. Die realen Objekte wurden „zum abconterfetten" in Schachteln von Eichstätt nach Nürnberg gesandt. Und doch zeigt keines der Gewächse im *Hortus Eystettensis* eine Spur von Austrocknung oder Vergänglichkeit, alle Pflanzen wirken geradezu jungfräulich, nicht nur die keusche Lilie.

Mit den Möglichkeiten der gedruckten Illustration verloren die Pflanzenwerke allmählich ihren bis dahin gültigen medizinischen Charakter und erlangten den bis heute gültigen Status ästhetischer Kunstwerke. Naturkundliche Forscher und vor allem die botanischen Raritätensammler suchten ebenso wie Bibliophile und Kunstliebhaber nun nach solchen Pflanzentafeln. Deren Liebe war der Tod so manchen Buches. In Einzelblätter zerlegt, wurden die Tafeln aus dem Zusammenhang gerissen. So mächtig und überzeugend ist der dekorative Charakter dieser vereinzelten künstlerischen Darstellungen, dass man sich heute erinnern muss aus welchem Kontext sie stammen.

Kennt man den oder die Zeichner des *Hortus Eystettensis* nicht, so ist es beim *Jardin du Roy* (Kat. Nr. 60, 61), dem illustrierten königlichen Garten des französischen Königs Henri IV. (1589 – 1610) anders. Seinen Garten am Louvre zeichnete der Hofkünstler Pierre Vallet (1600 geboren), in den Quellen wird Vallet „Brodeur" und „Borduurwerker" benannt, was auf eine textile kunsthandwerkliche Meisterschaft schließen lässt. Gewidmet ist das Buch der Gemahlin von Henri IV., Maria de Medici (1573 – 1642), und die 75 Tafeln dienten als Musterbuch für Stickereien, wohl eher ihrer Hofdamen. Das soll nicht erstaunen, denn viele dieser Florilegien dienten auch Malern als Modellbücher und die meisten wurden von Künstlern zuvor koloriert, so enthält die Ausgabe von 1623 des *Jardin du Roy* genaue Anweisungen zum Ausmalen. Leider blieb keine dieser Stickereien erhalten. Obwohl es ein französisches Buch, ein königliches noch dazu, ist, huldigte Vallet den Lilien darin nicht sonderlich, keine weitere Tafel zeigt Lilien. Er zeigt nur zwei Tafeln: „*Lilium purpureum*" und „*Lilium flavum*" (Kat. Nr. 60) und „*Lilium rubrum bulbiferum*" (Kat. Nr. 61). Daneben gibt es Tafeln mit Alpenveilchen, Anemonen, viele Tulpen und eine Schlüsselblume „*Moly Dioscoridis*" („*Primula veris l.*"). Lauter Zuwanderer fremder Länder und doch schon seit Jahrhunderten bei uns eingebürgert.

Kat. Nr. 60

Wie schon Vallet einen Falter neben den Lilien zur Belebung flattern ließ, um auch gleichzeitig ihren Duft zu imaginieren, so belebten auch die Brüder Bauer die Illustration der Madonnen-Lilie (Kat. Nr. 62) mit Insekten. An diesem Blatt lässt sich noch einmal sehr gut die künstlerische Komposition ablesen. Die grün-bläulich aquarellierten Blätter der Lilie stützen förmlich am unteren Bildrand die edle, aber so schwere Fülle ihres Blütenhaupts. Inwieweit es gerechtfertigt ist, dabei wie in der Literatur von Naturtreue zu sprechen, sei dahingestellt. Neben der völlig aufrechten Pflanze mit ihren drei geöffneten Blüten in drei unterschiedlichen Ansichten schwebt links zum kompositionellen Ausgleich das übliche Schriftband des *Hortus Botanicus*. In ihm lassen sich in 13 Bänden auf 2.748 Blättern ausschließlich Blühpflanzen finden. Der Botaniker Boccius und die Brüder Joseph, Franz und Ferdinand Bauer, sowie Jacob Walter und Stanislaus Figenschuh waren daran als Pflanzenillustratoren beteiligt. Etwa 30 Jahre arbeiteten sie daran, kurz nach 1770 begann die Unternehmung und endete kurz vor Mai 1805.

Wurden bisher ein Gartenatlas zu europäischen Pflanzen, ein Inventar eines Gartens und ein Pflanzeninventar zum Ausmalen vorgestellt, handelt es sich bei dieser einzigartigen, mehrbändigen Prachtillumination um ein ganzes Pflanzenreich, ein *Liber regni vegetabilis*: um die natürliche Pflanzenwelt Niederösterreichs und Mährens, die auf Feldern und in Gärten kultivierten Nutz- und Zierpflanzen und vor allem die kurzlebige Blütenpracht in den Gewächshäusern in Wien und Umgebung. Die Varietät einer Türkenbundlilie in Orangegelb (Kat. Nr. 63) scheint demnach getreu nach der Natur farblich illuminiert, und nicht nach Anweisung farbig gefasst. Kennt man für die Tafel mit der Madonnenlilie keine Vorlage eines anderen Künstlers, nach der sie kopiert wäre, wurde die Türkenbundlilie nach einer Vorlage von Georg Dionysius Ehret geschaffen. Man empfand solches Abmalen oder -zeichnen – wie noch bis ins späte 19. Jh. üblich – durchaus nicht als Plagiat, sondern bezeugte auf diese Weise eher das eigene Studium im botanischen Fach.

Dass im Laufe der Jahre eine immer größere Spezialisierung im wissenschaftlichen wie im künstlerischen Bereich zu beobachten ist, gilt auch unter den Florilegien.

So krönte Pierre Joseph Redouté (1759 – 1840) die Lilien und Liliengewächse, und ausschließlich solche, mit seinem Prachtwerk *Les Liliacées*, in dem 486 Farbpunktstiche die Lilien würdigen. Er arbeitete daran in den Jahren 1802 – 1816. Doch steht die künstlerische Meisterschaft der hier gezeigten Tafeln seinen Abbildungen keineswegs nach.

Alle diese frühen hier präsentierten Lilien ebneten erst den Weg für Redoutés nun relativ systematische Lilien-Kollektion, Lilien, die noch heute zu den kostbarsten Gartengewächsen gehören. Dieses zweite Hauptwerk Redoutés, neben den Rosen, entstand in Paris unter dem Protektorat von Kaiserin Josephine.

So bleiben uns all die herrlichen aristokratischen Blumenillustrationen. Und abseits jeder höfischen Elite bleibt mit Bettina von Arnim zu wünschen:

„Und jeder Sommer muss uns Lilien geben."

Literatur:
G. Wacker, *Kosmetische Präparate vom 16. bis 19. Jahrhundert*, Braunschweig 1983 • *Der Garten von Eichstätt, das große Herbarium des Basilius Besler von 1613*, D. Vogellehner, G.G. Aymonin, München 1988 • *Hortus Eystettensis, Ein vergessener Garten*, Begleitheft zur Ausstellung, 1998, bearb. von J. Albert, A. Laar, G. Ehberger • A. Jedlitschka, *Neues zum Hortus Eystettensis?*, in: Aus dem Antiquariat, München 1990/1 • H. W. Lack, *A Garden for Eternity, The Codex Liechtenstein*, Bern 2000 • P.-J. Redouté, *The Lilies*, Köln 2000 • Pflanzenliste des *CAPITULARE DE VILLIS VEL CURTIS IMPERIALIBUS*, siehe www.biozac.de, mit der Abbildung der Originalseite der Türkenbundlilie (Herzog-August-Bibliothek, Wolfenbüttel, Abschrift von H. Müller, Helmstett 1655).

Ausst.-Kat. *Blumen, Botanische Studien zu Gemälden der Residenzgalerie Salzburg* mit einem Beitrag von D. Fürnkranz, A. Mühlbacher-Parzer Residenzgalerie 1992 • Ausst.-Kat. *Gärten und Höfe der Rubenszeit*, Gustav-Lübcke-Museum, Hamm, Hg. U. Härting, München 2000 • Ausst.-Kat. *Ein Garten Eden, Meisterwerke der botanischen Illustration*, Österreichische Nationalbibliothek Wien, bearb. von H. W. Lack, Köln 2001; Ausst.-Kat. *Tulpen, Schönheit & Wahn*, Residenzgalerie Salzburg, Hg. Roswitha Juffinger, Salzburg 2002 • Christine Kitzlinger, in: Ausst.-Kat. *Tulpomanie – Die Tulpe in der Kunst des 16. und 17. Jahrhunderts*, Zwolle/Dresden 2004, S. 150 – 152, Kat. Nr. 45 und 46.

Kat. Nr. 58 und 59
Basilius Besler (1561 – 1629), *Hortus Eystettensis*, o.O, 1713 / Datum der Erstausgabe: Nürnberg 1613
Einband: Marmoriertes Papier auf Karton
Kupferstichwerk auf Papier, nicht koloriert; 56 x 47 cm, Buchblock 9,5 cm
Universitätsbibliothek Salzburg, R. 80.901 IV

Kat. Nr. 58   Abb. S. 86
Quintus ordo, fol. 7: „*I. Lilium cruentum bulbiferum / II. Scapus-cum radice...*"

Kat. Nr. 59   Abb. S. 87
Quintus ordo, fol. 9: „*I. Lilium album. / ... / III. Scapus Lilÿ.*"

Der Apotheker Basilius Besler aus Nürnberg und seine Mitarbeiter dokumentierten mit dieser Prachtpublikation die Pflan-

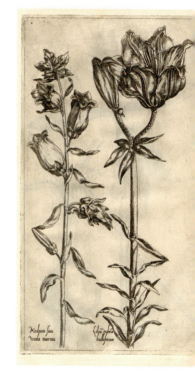

Kat. Nr. 61

Kat. Nr. 62

Kat. Nr. 63

zenwelt des botanischen Gartens des Eichstätter Fürstbischofs Johann Conrad von Gemmingen (1561 – 1612).
Unter den Frühlingspflanzen zeigt Besler die Kaiserkronen und die Lilien, von denen einige wegen ihrer Seltenheit als sehr kostspielig galten. Die bulbillentragende Feuerlilie wird mittig ganzfigurig gezeigt, links die Zwiebel, Stengel und Blätter, daneben rechts ein Tausendguldenkraut. Bei den Bulbillen handelt es sich um die kleinen braunen Zwiebelchen, die in den Achseln sitzen, und die neben der Erd-Zwiebel für Vermehrung sorgen können.
Der oder die bislang unbekannten Zeichner des Eichstätter Gartenwerks komponierten die Tafeln durchgehend künstlerisch, freie Flächen sind mit Blättern gefüllt, Blüten drapiert, hier wird die mittig stehende Madonnenlilie von grünen Stämmen über dicken Zwiebeln flankiert. Die rote, byzantinische Lilie beschirmt oder schaut auf die weiße Lilie hinunter. Deren dichte Blütenfülle wird von den Begleitern eng umschlossen und wirkt dadurch noch üppiger.
Die realen Objekte wurden „zum abconterfetten" in Schachteln von Eichstätt nach Nürnberg gesandt.

UH

Literatur:
Der Garten von Eichstätt, das große Herbarium des Basilius Besler von 1613, D. Vogellehner, G.G. Aymonin, München 1988 • *Hortus Eystettensis, Ein vergessener Garten*, Begleitheft zur Ausstellung, 1998, bearb. von J. Albert, A. Laar, G. Ehberger • A. Jedlitschka, *Neues zum Hortus Eystettensis ?*, in: Aus dem Antiquariat, München 1990/1 • H. W. Lack, *A Garden for Eternity, The Codex Liechtenstein*, Bern 2000 • C. Kitzlinger, in: Ausst.-Kat. *Tulpomanie – Die Tulpe in der Kunst des 16. und 17. Jahrhunderts*, Zwolle/Dresden 2004, S. 151 – 152, Kat. Nr. 46 • N. Iodice, Basil Besler/Hortus eystettensis, in: Ausst.-Kat. *Fiori – cinque secoli di pittura floreale*, Biella 2004, S. 122 – 123, Abb. S. 109, 134 – 135.

Kat. Nr. 60 und 61
Pierre Vallet (1575 – nach 1657), *Le jardin du roy très chrèstien Henry IV, roy de France et de Navare / dedie a la Royne*, [Paris] 30. November 1608
Einband: Weißes Leder über Pappe
Kupferstichwerk auf Papier, nicht koloriert; 36 x 23 cm, Buchblock 1,5 cm
Universitätsbibliothek Salzburg, G 382 II

Kat. Nr. 60 Abb. S. 88
„*Lilium purpureum subabbidis oris*" und „*Lilium flauum*" (sic!)

Kat. Nr. 61 Abb. S. 89
„*Lilium rubrum bulbiferum*" [rechts] und „*Medium sive viola marina*" [links]

Den Garten des französischen Königs Henri IV. (1589 – 1610) am Louvre zeichnete der Hofkünstler Pierre Vallet, in den Quellen „Brodeur" und „Borduurwerker" benannt, was auf eine textile kunsthandwerkliche Meisterschaft schließen lässt. Vermutlich erstellte er auch die Druckgraphiken für diesen königlichen Garten auf Papier.
Gewidmet ist das Buch der Gemahlin von Henri IV., Maria de Medici (1573 – 1642). Die 75 Tafeln dienten als Musterbuch für Stickereien – wohl eher ihrer Hofdamen. Leider blieb keine ihrer Stickereien erhalten.
Viele dieser Florilegien dienten auch Malern als Modellbücher und die meisten wurden von Künstlern zuvor koloriert, so enthält die Ausgabe von 1623 des *Jardin du Roy* genaue Anweisungen zum Ausmalen.
Obwohl es ein französisches Buch, ein königliches noch dazu, ist, huldigte Vallet den Lilien darin nicht sonderlich. Unter

den 75 Abbildungen befinden sich nur die zwei in der Ausstellung präsentierten Tafeln mit Lilien.

UH

Literatur:
Ausst.-Kat. *Ein Garten Eden, Meisterwerke der botanischen Illustration*, Österreichische Nationalbibliothek Wien, bearb. von H. W. Lack, Köln 2001; Ausst.-Kat. *Tulpen, Schönheit & Wahn*, Residenzgalerie Salzburg, Hg. Roswitha Juffinger, Salzburg 2002 • Christine Kitzlinger, in: Ausst.-Kat. *Tulpomanie – Die Tulpe in der Kunst des 16. und 17. Jahrhunderts*, Zwolle/Dresden 2004, S. 150 – 151, Kat. Nr. 45 • N. Iodice, Evoluzione e techniche nell'illustrazione di florilegi tra Cinque e Seicento, in: Ausst.-Kat. *Fiori – cinque secoli di pittura floreale*, Biella 2004, S. 107, Abb. 109.

Kat. Nr. 62 und 63
Joseph Anton Bauer (1756 – 1831), Franz Andreas Bauer (1758 – 1840) und Ferdinand Lukas Bauer (1760 – 1826), *Horti Botanici Tomvs qvartvs retinens plantas Diversas Ineffigie pictas ab Amd: Rendo: ac Venerabili P: Norberto Boccius S: ord: S: Ioannis de Deo Expr: ac Definitore actuali et Priore Fedspergensi Collectae* (= „Codex Liechtenstein"), Chronogramm 1779

4. Band eines 14-bändiges Florilegiums mit über 3.000 Illustrationen, von Norbert Boccius OH (1729 – 1806) in Auftrag gegeben. Begonnen wohl um 1770 im Konvent von Feldsberg/Valtice – Südböhmen, während des 1. Priorates von Boccius, die Herstellung dürfte ca. 35 Jahre in Anspruch genommen haben.
Gouache, 53 x 38,5 cm, Buchblock 7,1 cm
Sammlungen des Fürsten von und zu Liechtenstein, Vaduz – Wien, Inv. Nr. GR 527, Band 4

Literatur:
H. W. Lack, *Ein Garten für die Ewigkeit. Der Codex Liechtenstein*, Bern 2000 • H. W. Lack und V. Ibanez, Recording colour in late eighteenth century botanical drawings: Sidney Parkinson, Ferdinand Bauer and Thaddäus Haenke, in: *Curtis's Botanical Magazine* 14:98 – 100, 1997 • G. Wilhelm, Die Fürsten von Liechtenstein und ihre Beziehungen zu Kunst und Wissenschaft, in: *Jahrbuch der Liechtensteinischen Kunstgesellschaft,* 1976, S. 121 und Anm. 112 • C. Nissen, *Die Botanische Buchillustration. Ihre Geschichte und Bibliographie,* Bd. II, Stuttgart 1951, S. 9, Nr. 96, Anm. 6, S. 114 f.

Kat. Nr. 62 Abb. S. 90
Band IV, Tafel XLI, Madonnenlilie *„Lilium candidum L."*

Die Madonnen Lilie „Lilium candidum L." der Brüder Bauer, um 1778 gemalt, zeigt ihre schuppige Zwiebel unter bläulichen Blättern, die seitliche Stützen für ihr schweres Blütenhaupt bilden. Majestätisch darf man diese Illustration einer Lilie nennen.

UH

Kat. Nr. 63 Abb. S. 91
Band IV, Tafel XLII: *„Lilium superbum"*

Die „Lilie superbum", eine Türkenbundlilie, zeigt flammenähnlich lodernde Blütenblätter. Die Staubgefäße sind exakt angegeben und bezeugen die botanisch korrekte Illustration. Dennoch ist der künstlerische Charakter der Tafeln auch hier im ausgewogenen Verhältnis von Blatt, Stengel, Blüten und Spruchband nicht zu verkennen.

UH

Die Lilie in der christlichen Ikonographie

Herbert Berndl

Die Lilie als Symbolblume bzw. Schmuckelement wird im kirchlichen Bereich seit alter Zeit im ornamental-dekorativen Sinn eingesetzt. Sie kommt auf den Himmelswiesen der Mosaiken in den Kirchen Ravennas (6. Jh.) ebenso vor wie als Kapitellschmuck, Fries oder Schluss-Stein in romanischen und gotischen Kirchen oder in der Paradieseslandschaft auf dem 1432 vollendeten Genter Altar der Gebrüder van Eyck.

Der Symbolgehalt der Lilie, der in den erwähnten Darstellungen mitschwingt, kann ein vielfältiger sein. Origenes etwa sieht in der Lilie Christus symbolisiert: Die Blume entspricht der Menschennatur, die der Herr angenommen hat; die Blütenknospe gleicht dem verborgenen Leben Jesu, die offene Blüte der in Auferstehung und Himmelfahrt aufleuchtenden himmlischen Herrlichkeit, die den Duft der geistlichen Gnaden in der Welt verströmt.

In Weiterführung der Beschreibung der göttlichen Erscheinung, wie sie in der Apokalypse (1,16) beschrieben wird, taucht die Lilie in bildlichen Darstellungen als „Attribut" Christi im Zusammenhang mit dem Jüngsten Gericht auf: Aus dem Mund des Weltenrichters gehen Schwert, Zeichen des strengen Richterspruches, und Lilie, Symbol der Milde und Gnade, hervor. Auch als Zeichen von weltlicher und geistlicher Macht werden diese Motive gedeutet und lassen damit die Auffassung von den in Konkurrenz zueinander stehenden Herrschaftsansprüche seit dem Investiturstreit anklingen.

Viel verbreiteter und bekannter aber ist die Lilie – neben der Rose – seit dem Hochmittelalter als Symbolblume und Attribut Mariens. In erster Linie sind mit der weißen Farbe, der Reinheit und dem Duft der Blume das edle Wesen, die Jungfräulichkeit und die liebliche Strahlkraft der Gottesmutter gemeint.

Die Schlüsselszene marianischer Theologie im Neuen Testament bietet bezüglich der Person Mariens und der symbolischen Bedeutung der Lilie freilich ein etwas breiteres Spektrum: Der Bericht von der Verkündigung der Geburt Jesu (Lk 1,26–38), *Goldenes Evangelium* genannt, ist seit jeher Gegenstand der Kunst gewesen. Wenn nun dabei Gabriel oft mit einem Lilienstengel dargestellt ist (Kat. Nr. 64), so ist damit zweifellos auch die Reinheit, d.h. Jungfräulichkeit der Adressatin gemeint. Es dürfte aber ebenso antikes Denken nachwirken: Im Altertum war die Lilie eine göttliche Blume und ein Zeichen der vollkommenen Liebe sowie der Fruchtbarkeit. Sie war die Blume der Juno und aus einem Tropfen Milch der Göttin entstanden.

Nun klingt die Fruchtbarkeitsthematik in manchen Stellen des alttestamentlichen Hohenliedes, wo von den Lilien gesprochen wird (2,16; 7,3), ebenfalls an. In anderen Versen (2,1–2; 6,2–3) wird eher die Einzigartigkeit und Auserwähltheit der Braut bzw. des Bräutigams besungen. Letzteres hebt wiederum den Aspekt der Reinheit, der reinen Liebe, letztlich der Keuschheit hervor. Somit konnte die Lilie in Gabriels Händen – ursprünglich wohl eher Symbol lebenszeugender Kraft – zum Zeichen von Reinheit und Jungfräulichkeit werden.

Wenn die Lilie, wie bei vielen Verkündigungs- und anderen Mariendarstellungen des Spätmittelalters und der frühen Neuzeit, in einer Vase präsentiert wird (Kat. Nr. 65), so ist damit wohl Maria gemeint, die wie ein kostbares Gefäß den Gottessohn aufgenommen hat.

Die Reinheit Mariens wird im *Goldenen Evangelium* vom Engel selbst zum Ausdruck gebracht. Er spricht Maria als die „Begnadete" an. Das wurde seit alters her darauf hin gedeutet, dass Maria gänzlich frei von Sünden gewesen sei, vom Zeitpunkt ihrer Empfängnis an („Immaculata Conceptio"). Beim Bildtypus der Immakulata, der sich im 16. Jh. entwickelt hat und sich vorwiegend an der Schilderung der apokalyptischen Frau (Off 12,1–2) orientiert, ist daher die Lilie oft das charakteristische Attribut der Muttergottes – und hier dezidiert als Symbol der Reinheit, des Frei-Seins von Sünden (auch und besonders der Erbsünde!) einerseits und der engstens damit verbundenen Keuschheit andererseits.

Auffallenderweise hat sich in der Barockzeit keine Immakulata-Darstellung zu einem Wallfahrtsziel bzw. Gnadenbild entwickelt, wie das nach der Verkündigung des Dogmas von der Unbefleckten Empfängnis 1854 der Fall war (vgl. Lourdes, Fatima). Eine Ausnahme bildet lediglich die Freisinger Madonna – und auch die „Mutter der schönen Liebe", das Gnadenbild von Wessobrunn in Oberbayern, kann als Immakulata-Darstellung angesehen werden. In diesen Gemälden verbindet sich der Aspekt der Unbefleckten Empfängnis mit der von Lilien und Rosen gekrönten Braut des Hohenliedes.

Neben Maria erhielt eine Reihe von Heiligen die Lilie als Attribut. Anhaltspunkte dafür bilden üblicherweise Begebenheiten aus der jeweiligen Biographie bzw. persönliche Charakteristika der Darzustellenden: keusche, Gott geweihte Lebensführung, ein reines, d.h. der Sünde abgewandtes Herz und tiefes Gottvertrauen. Letzteres knüpft am Jesus-Wort aus der Bergpredigt an, das die Lilien als Vorbild all jener rühmt, die sich auf Gott verlassen, ohne ängstlich Fragen zu stellen (*„Lernt von den Lilien, die auf dem Feld wachsen ..."*; Mt 6,28–29).

Kat. Nr. 64

Die drei genannten Gesichtspunkte treffen natürlich ganz besonders auf Maria zu, bei den anderen Heiligen können sie unterschiedlich gewichtet sein. In ihrer Gesamtheit sind sie jedenfalls auf viele heilige Ordensleute zu beziehen, wie weiter unten noch auszuführen sein wird.

Beim hl. Josef kann dies so beobachtet werden: Der Hauptakzent liegt dabei eher auf dem keuschen Leben des Heiligen. Dies ist legendär begründet, denn nach den apokryphen Schriften und in weiterer Folge der *Legenda Aurea* des Jacobus de Voragine war Josef bereits ein Greis, als ihm Maria zur Frau gegeben wurde. Deshalb und im Hinblick auf Marias Jungfräulichkeit wurde die Ehe nicht körperlich vollzogen („Josefsehe").

Der Blütenstengel in Josefs Hand (Kat. Nr. 66) ist jedoch noch anders motiviert: Maria sollte, so die Legende, nur mit jenem der vielen Freier aus dem Haus Davids vermählt werden, dessen Wander-Stab Blüten trage und über dessen Spitze die Hl.-Geist-Taube schwebe. Dies war bei Josef der Fall.

Neben diesen legendären, ja oft märchenhaft angereicherten Erzählungen kennen wir Details aus dem Leben des Heiligen durch die Evangelien nach Matthäus (1,18–25; 2,13–23) und Lukas (2,1–27; 39–51). Josef stammte aus dem Geschlecht Davids; er war mit Maria, der Jungfrau (das ist in erster Linie eine Altersangabe, nicht eine dogmatische Aussage!), verlobt, als diese durch das Wunderwirken Gottes ein Kind erwartete. Ein Engel gebot Josef, seine Verlobte nicht zu verstoßen, daher wanderte er mit ihr zur Volkszählung nach Betlehem, wo sie Jesus zur Welt brachte. Maria und Josef opferten Jesus als Erstgeborenen, wie das Gesetz vorschrieb, im Tempel dar, flohen mit ihm vor Herodes nach Ägypten und ließen sich nach der Rückkehr in Nazaret nieder. Der Legende nach starb Josef noch vor dem öffentlichen Auftreten Jesu.

Die Verehrung des Heiligen kam in der Ostkirche schon relativ früh auf, im Abendland jedoch erst im Spätmittelalter. Im 17. Jh. breitete sich der Kult des hl. Josef dann weit aus. Die Habsburger erwählten ihn 1675 zum Patron ihrer Erblande, weshalb er bis heute Landespatron von Tirol, Steiermark und Kärnten ist. 1870 schließlich erhob ihn Papst Pius IX. zum Schutzherrn der ganzen Kirche.

Der wohl bedeutendste Vertreter der „Lilienträger" aus der Gruppe der Ordensheiligen ist Antonius von Padua (Kat. Nr. 67). Er wurde um 1195 in Lissabon geboren. Sein bewegtes Leben führte ihn, begeistert von der franziskanischen Bewegung und voll missionarischen Eifers, aus seiner Heimat zunächst ins moslemische Marokko. Von Krankheit gänzlich geschwächt, musste er alsbald die Rückreise antreten, das Schiff wurde jedoch durch einen Sturm nach Sizilien verschlagen. So begab sich Antonius, der in Portugal das Ordenskleid der Franziskaner genommen hatte, zum Ordenskapitel nach Assisi. Dort wurde man auf seine Predigergabe und seine großen theologischen Kenntnisse aufmerksam, sodass ihn Franziskus zum Lehrer für die jungen Ordensbrüder bestellte. Auf einer etwa zweijährigen Missionsreise versuchte er die Anhänger der Ketzerbewegungen in Südfrankreich zum wahren Glauben zurückzuführen. Schließlich wurde er zum Provinzial der Franziskaner in der Romagna ernannt und ließ sich zu diesem Zweck in Padua nieder. Die Anstrengungen und Entbehrungen seiner aufreibenden Tätigkeiten zehrten an der Gesundheit des jungen Ordensmannes. Völlig entkräftet verstarb er im Alter von nur ca. 35 Jahren. Eine Reihe von Wundern geschah an seinem Grab in Padua, das rasch zu einem beliebten Wallfahrtsziel wurde. Nach dem kürzesten Heiligsprechungsverfahren der Kirchengeschichte wurde Antonius 1232 kanonisiert, und kurz darauf errichtete man die berühmte Basilika über seiner Grabstätte.

Die Darstellungen zeigen ihn meist, wie er das Jesuskind – manchmal von der Muttergottes gereicht – liebevoll in die Arme nimmt. Dieser Bildtyp geht auf eine Legende zurück, wonach ein Bekannter den Heiligen zufällig in seiner Zelle beobachtet habe, wie das Jesuskind, auf der Bibel stehend, dem Heiligen erschien. Als Patron der Liebenden, als Helfer aller, die einen Gegenstand verloren haben und als himmlischer Fürsprecher in allen schwierigen Lebenslagen wird Antonius bis heute hoch verehrt.

Bei vielen weiteren Heiligen, die eine Lilie als Attribut tragen, rührt diese von ihrer keuschen Lebensführung (als Ordensleute oder wegen des jugendlichen Alters) oder von ihrer innigen Marienverehrung her.

Folgende im mitteleuropäischen Bereich verehrte Heilige sind anzuführen:

Ägidius (7. Jh.), Einsiedler-Abt in der Provence; einer der 14 Nothelfer.

Albertus Siculus (1240 – 1306), Mitglied des Karmeliterordens in Süditalien.

Aloisius (1568 – 91), aus dem Hause Gonzaga, stirbt als Jesuiten-Kleriker bei der Pflege von Pestkranken; die Lilie ist bei ihm vorwiegend Sinnbild der keuschen Jugend; Patron der studierenden Jugend.

Kat. Nr. 65 (Detail)

Angelus (1185–1220), einer der ersten Karmeliten, in Süditalien missionarisch tätig.

Balbina (3./4. Jh.), Stifterin des nach ihr benannten Cömeteriums in Rom.

Bernhard von Clairvaux (1091 – 1153), bedeutendste Gestalt an der Wiege der zisterziensischen Reformbewegung, gelehrter Theologe und begeisternder Prediger („doctor mellifluus"), großer Marienverehrer und Verfasser des „Salve Regina".

Dominikus (1170 – 1221), Gründer des nach ihm benannten Ordens, eifriger Prediger gegen die Ketzer.

Emmerich (1007 – 1031), Sohn von König Stephan I., dem ungarischen Nationalheiligen.

Euphemia, als Märtyrerin wohl um 303/304 gestorben; in ihrer Grabeskirche zu Chalzedon fand 451 das 4. Ökumenische Konzil statt.

Franz Xaver (1506 – 1552), aus baskischer Adelsfamilie, schloss sich als einer der ersten Jesuiten dem hl. Ignatius v. Loyola an; Missionar in Ostindien und Japan.

Gabriel, der Erzengel, wird auch bei Einzeldarstellungen außerhalb der Verkündigungsszene mit Lilie gezeigt.

Hermann Joseph (ca. 1150 – ca. 1225/41), Prämonstratenser der Abtei Steinfeld in der Eifel; besonderer Verehrer der Gottesmutter (mystische Vermählung!).

Hyazinth (ca. 1195/1200 – 1257), aus polnischem Adelshaus, tritt in Rom in den Dominikanerorden ein und gründet neben jenem in Friesach (1219) viele Klöster in Polen und Schlesien; großer Marienverehrer.

Katharina von Siena (1347 – 1380), legt ganz jung das Gelübde der Jungfräulichkeit ab und wird Dominikaner-Tertiarin, stand in Briefkontakt mit den höchsten Persönlichkeiten ihrer Zeit und soll Papst Gregor XI. 1367 zur Rückkehr aus Avignon bewogen haben.

Katharina von Vadstena (1331 – 1381), Ordensfrau, Tochter und treueste Begleiterin der hl. Birgitta von Schweden.

Klara von Assisi (1194 – 1253), treue Gesinnungsgenossin des hl. Franziskus, Mitbegründerin des Klarissenordens.

Margareta von Ungarn (1241 – 1270), Tochter König Belas IV., Nonne im Kloster auf der später nach ihr benannten Donauinsel zwischen Ofen und Pest.

Nikolaus von Tolentino (1245 – 1305), Augustinereremit, durch viele Wunder verherrlicht.

Scholastika (ca. 480 – ca. 542), Schwester des hl. Benedikt, Nonne, wird als Mitbegründerin des weiblichen Zweiges des Benediktinerordens angesehen.

Stanislaus Kostka (1550 – 1568), aus polnischem Hochadel, stirbt als Jesuitennovize in Rom; großer Marienverehrer, Vorbild keuschen Lebens.

Thekla (1. Jh.), angeblich Schülerin des Apostels Paulus, Märtyrin; wird in der Ostkirche hoch verehrt („Apostelgleiche").

Thomas von Aquin (ca. 1225 – 1274), Dominikaner, Hauptvertreter der scholastischen Theologie („doctor angelicus"); dozierte in Neapel, Paris und Rom.

Ursula, erlitt vielleicht um 304 in Köln das Martyrium; der Legende nach englische Königstochter, die Jungfräulichkeit gelobt hatte und nach einer Pilgerfahrt nach Rom in Köln samt 11.000 Gefährtinnen von Heiden getötet wurde.

Vinzenz Ferrer (ca. 1350 – 1419), Dominikaner, eifriger Bußprediger in Spanien, Südfrankreich, Norditalien und im Alpenraum.

Vitalis von Salzburg (8. Jh.), Nachfolger des hl. Rupert; das Lilien-Attribut rührt vom Wunder her, dass ein Zweifler durch die aus der Grabplatte des Heiligen wachsende Blume bekehrt wurde.

Vitus (um 300), jugendlicher Märtyrer in Sizilien; einer der 14 Nothelfer.

Literatur:

L. Andergassen, *Studien zur Ikonographie des Antonius von Padua in Italien. Einzeldarstellungen, Attribute und Vitenszenen von den Anfängen bis zur Ordensteilung 1517*, Diss. Wien 2002 • H. Biedermann, *Knaurs Lexikon der Symbole*, München 1989 • H. Eger, *Verkündigung. Meisterwerke christlicher Kunst*, Mödling–Wien 1987 • K. Enzinger, *Die Josefsverehrung in der Steiermark*, Dipl. Graz 1994 • D. Forstner u. R. Becker, *Neues Lexikon der christlichen Symbole*, Innsbruck/Wien 1991 • C. Heibler, *Die Gestalt des hl. Josef in der Theologie Johannes Gersons und in der Frömmigkeit bei Teresa von Avila*, Dipl. Wien 1989 • J. de Voragine, *Legenda Aurea*, Aus dem Lateinischen übertragen von Richard Benz. Darmstadt 1997 (12. Aufl.) • H. L. Keller, *Reclams Lexikon der Heiligen und der biblischen Gestalten. Legende und Darstellung in der bildenden Kunst*, Stuttgart 1975 (3. Aufl.) • *Lexikon christlicher Kunst. Themen – Gestalten – Symbole*, Freiburg/Basel/Wien 1980 • B. Mikunda-Hüttel, *Vom „Hausmann" zum Haushelligen des Wiener Hofes. Zur Ikonographie des hl. Joseph im 17. und 18. Jahrhundert*, Marburg 1997 (=Bau- und Kunstdenkmäler im östlichen Mitteleuropa, Bd. 4) • U. Nefzger, Wirklichkeit aus Wundersicht: St. Anton in Söllheim und Partenkirchen, in: *Kunstjahrbuch der Stadt Linz* 1994/95, S. 39 – 60 • M. Pfister-Burkhalter, Lilie, in: E. Kirschbaum (Hg.), *Lexikon der christlichen Ikonographie*, Bd. III., Rom/Freiburg/Basel/Wien 1971, Sp. 100 – 102 • R. Rinnerthaler, *Antonius von Padua – Wundersames über den Heiligen*, Salzburg 2002 (4. Aufl.) (=*Heilige und Selige – Verehrung, Brauchtum und Kunst in Österreich*, Nr. 1) • H. Rondet, *Joseph von Nazareth. Gestalt und Verehrung*, Freiburg 1956 • A. Rotzetter, *Antonius von Padua. Leben und Legende*, Wien 1995 • *S. Antonio 1231 – 1981. Il suo tempo, il suo culto, la sua città*, Padova 1981 • J. Seitz, *Die Verehrung des hl. Joseph in ihrer geschichtlichen Entwicklung*, Freiburg 1908 • O. Wimmer, *Handbuch der Namen und Heiligen*, Innsbruck–Wien–München 1966 (3. Aufl.).

Kat. Nr. 66

Kat. Nr. 64 Abb. S. 95
Peter Candid (1574 – 1628),
Verkündigung an Maria

Öl/Leinwand, 110 x 83,5 cm
Salzburger Museum Carolino Augusteum, Leihgabe an die Residenzgalerie Salzburg

Der Bericht von der Verkündigung der Geburt Jesu (Lk 1,26–38), *Goldenes Evangelium* genannt, ist seit jeher Gegenstand der Kunst gewesen. Wenn der Erzengel Gabriel mit einem Lilienstengel dargestellt wird, so wird damit zweifellos auf die Reinheit, d. h. Jungfräulichkeit der Adressatin hingewiesen. Es dürfte aber ebenso antikes Denken nachwirken: Im Altertum war die Lilie eine göttliche Blume und ein Zeichen der vollkommenen Liebe sowie der Fruchtbarkeit. Sie war die Blume der Juno und aus einem Tropfen Milch der Göttin entstanden.

Somit konnte die Lilie in Gabriels Händen – ursprünglich wohl eher Symbol lebenszeugender Kraft – zum Zeichen von Reinheit und Jungfräulichkeit werden.

HB

Literatur:
E. Blechinger, *Residenzgalerie mit Sammlung Czernin und Sammlung Schönborn-Buchheim*, Salzburg 1980, S. 48, Abb. Tf. 9, • G. Groschner, *Wen verführst Du, Thamar? – Ikonographische Studien zu Gemälden der Residenzgalerie Salzburg*, Salzburg 1993, S. 139 – 140, Abb. S. 141 • B.G. Walker, *Das geheime Wissen der Frauen*, Frankfurt/Main 1993, S. 611 – 612: Lilie.

Kat. Nr. 67

Kat. Nr. 65   Abb. S. 97 (Detail)
Kaspar Memberger d. Ä (1555 – 1618?), Maria mit Kind
Öl/Leinwand, 107,6 x 80,8 cm
bezeichnet re.u.: *1589 C.M.*
Residenzgalerie Salzburg, Inv. Nr. 451

Wenn die Lilie bei Mariendarstellungen der frühen Neuzeit in einer Vase präsentiert wird, so ist damit Maria gemeint, die wie ein kostbares Gefäß den Gottessohn aufgenommen hat.

HB

Das Gemälde wurde für Erzbischof Wolf Dietrich von Raitenau im Jahr 1589, d.h. zwei Jahre nach dessen Regierungsantritt im Erzstift Salzburg, geschaffen. Die kompositionelle Vorlage dürfte ein 1518 datierter Kupferstich Albrecht Dürers gewesen sein. Die gleiche Darstellung der sitzenden Maria mit Kind findet sich in der Mitteltafel eines ebenfalls von Wolf Dietrich von Raitenau in Auftrag gegebenen Silberaltares, der sich heute im Museo degli Argenti des Palazzo Pitti in Florenz befindet.

RJ

Literatur:
E. Blechinger, *Residenzgalerie mit Sammlung Czernin und Sammlung Schönborn-Buchheim*, Salzburg 1980, S. 77 – 78, Abb. Tf. 2 • M. Kopplin, in: Ausst.-Kat. *Die Renaissance im Deutschen Südwesten zwischen Reformation und Dreißigjährigem Krieg*, Bd. 1, Karlsruhe 1986, S. 162 – 163, Kat. Nr. C 29 • A. Rohrmoser, in: Ausst. Kat. *Fürsterzbischof Wolf Dietrich von Raitenau, Gründer des barocken Salzburg*, Salzburg 1987, S. 330 – 331, Kat. Nr. 54 • G. Groschner, *Wen verführst Du, Thamar? – Ikonographische Studien zu Gemälden der Residenzgalerie Salzburg*, Salzburg 1993, S. 142 – 148, Abb. S. 144 • T. Habersatter, in: *Meisterwerke Residenzgalerie Salzburg*, Salzburg 2001, S. 98, Abb. S. 99.

RJ

Kat. Nr. 66   Abb. S. 99
Michaelina Woutiers (geb. vor 1627 in Berghen oder Mons), Hl. Josef
Öl/Leinwand, 76 x 66 cm
Kunsthistorisches Museum Wien, Gemäldegalerie, Inv. Nr. 376

Maria sollte, so die Legende, nur mit jenem der vielen Freier aus dem Haus Davids vermählt werden, dessen Wander-Stab Blüten trage und über dessen Spitze die Hl.-Geist-Taube schwebe – dies war bei Josef der Fall. Der Blütenstengel in Josefs Hand als Attribut des Heiligen bezieht sich auf diese Legende, der Hauptakzent liegt jedoch auf dem keuschen Leben des Heiligen.

HB

Bislang sind Gemälde von Michaelina Woutiers, die aus den Jahren 1643 – 1659 datieren, bekannt. Aus der Sammlung von Erzherzog Leopold Wilhelm – vermutlich kannte der Erzherzog die Künstlerin persönlich – stammen vier Werke, die sich heute in der Gemäldegalerie des Kunsthistorischen Museums in Wien befinden, darunter der hl. Joseph. Es handelt sich um Gemälde meisterlicher Virtuosität. In Brüssel, wo der Erzherzog residierte, verwahrt das Museum heute ein äußerst lebendiges Portrait eines Herrn, das 1646 datiert ist und von der Künstlerin mit ihrem Vornamen „*Michaelina*" signiert wurde. Und doch ist im Inventar von Leopold Wilhelms Gemäldesammlung ihr Vorname, wohl versehentlich, falsch angegeben: dort steht „Demoiselle *Magdalena* Wautier käme aus Mons oder Berghen".

Wir kennen weder ihre Lebzeit, ihre Ausbildung, den Ort ihrer künstlerischen Tätigkeit. Ihre signierten und datierten, wenigen Bilder sind eindrucksvoll, bestens komponiert. Sie malte religiöse, mythologische Szenen, ein Blumenstück; in Frankreich sind zwei großformatige Altarbilder erhalten geblieben.

UH

Literatur:
Dokumentation RKD, Den Haag • G. Heinz, Studien über Jan van der Hoecke und die Malerei der Niederländer in Wien, *Jahrbuch der kunsthistorischen Sammlungen in Wien*, 63, 1967, S. 149 f. • *Le dictionnaire des peintres belges du XIVe siècle à nos jours*, Brüssel 1995 (Eintrag M.-L. Hairs) • *Die Gemäldegalerie des Kunsthistorischen Museums in Wien, Verzeichnis der Gemälde*, Wien 1991, S. 136, Tf. 440 • L. Huet, J. Grieten, *Oude meesteressen. Vrouwelijke kunstenaars in de Nederlanden*, Leuven 1998, S. 147 – 158.

UH

Kat. Nr. 67   Abb. S. 100
Giovanni Antonio Pellegrini (1675 – 1741), Hl. Familie mit Hl. Antonius
Öl/Leinwand, 85 x 68 cm
Residenzgalerie Salzburg, Inv. Nr. 331

Der wohl bedeutendste Vertreter der „Lilienträger" aus der Gruppe der Ordensheiligen ist Antonius von Padua. Die Darstellungen zeigen ihn meist, wie er das Jesuskind – manchmal von der Muttergottes gereicht – liebevoll in die Arme nimmt.

HB

In Pellegrinis Gemälde, das Maria und Josef halbfigurig zeigt, reicht das Jesuskind dem im Vordergrund tiefer stehenden hl. Antonius eine Lilie.

RJ

Literatur:
E. Blechinger, *Residenzgalerie mit Sammlung Czernin und Sammlung*

Kat. Nr. 68

165 • G. Knox, *Antonio Pellegrini 1675 – 1741*, Oxford 1995 (= Clarendon Studies in the History of Art), S. 255, Kat. P. 379.

Kat. Nr. 68   Abb. S. 102
Carlo Dolci, Allegorie der Aufrichtigkeit, um 1665
Öl/Leinwand, 102 x 87 cm
Kunsthistorisches Museum Wien, Gemäldegalerie, Inv. Nr. 184
B. Baldinucci (1681 – 1728) schreibt, dass Carlo Dolci das vorliegende Bild „*…una femmina inghirlandata di bianchi gigli, in cui volle rapprensetare la Sincerità*" für einen Auftraggeber in Venedig gemalt hat. In der Darstellung der Allegorie der Aufrichtigkeit hält sich Dolci teilweise (brennendes Herz) an Cesare Ripas *Iconologia*.
Der Lilienkranz ist in dieser Darstellung ein Hinweis auf die mit der Aufrichtigkeit verbundene Reinheit der Seele.

RJ

Literatur:
C. McCorquodale, in: Ausst.-Kat. *Il Seicento Fiorentino*, Florenz 1986/87, S. 442, Kat. Nr. 1.249 • *La pittura in Italia. Il Seicento*, Gregori, E. Schleier (Hg.), Bd. 2, Milano 1989, S. 726 • M. B. Guerrieri Borsoi, ad vocem, in *Dizinario Biografico degli Italiani*, Bd. 40, Roma 1991, S. 422 • *Die Gemäldegalerie des Kunsthistorischen Museums in Wien, Verzeichnis der Gemälde*, Wien 1991, S. 50, Tf. 206 • C. Ripa, *Iconologia*, (Hg.) P. Buscaroli, Milano 1992, S. 407 – 408: „*Donna vestita d'oro, che con la destra mano tenghi una Colomba vianca, & con la sinistra porghi in atto gratioso, & bello un cuore. / È la sincerità pura, & senza finta apparenza, & artificio alcuno; però si rappresenta, che tenghi la bianca Colomba, & il vestimento d'oro. Il porgere del cuore, dinota l'integrità sua, perche non avendo l'uomo sincero vitio alcuno di volontà, non cela l'intrinseco del cuor suo, ma lo fa palese ad'ognuno.*" • F. Baldassari, *Carlo Dolci*, Torino 1995, S. 27, 28; S. 141 – 42, Nr. 115.

Schönborn-Buchheim, Salzburg 1980, S. 86, Abb. Tf. 81 • G. Groschner, *Wen verführst Du, Thamar? – Ikonographische Studien zu Gemälden der Residenzgalerie Salzburg*, Salzburg 1993, S. 164 – 166, Abb. S.

Die Lilie in Floras Hand

Flora, römische Göttin der Blumen und Allegorie des Frühlings, und ihr Attribut: Frühlingsblumen

Roswitha Juffinger

Nicolas Poussin stellt 1631 in seinem Gemälde „Das Reich der Flora" (Abb. S. 103) eine in hellem Sonnenschein leichtfüßig tanzende Flora dar. Umgeben ist sie von Sterblichen, die – dem Betrachter aus Ovids *Metamorphosen* bekannt – nach deren Tod allesamt in Blumen verwandelt werden. Aus dem Blut des sich in sein Schwert stürzenden Ajax – links im Bild – wächst eine Hyazinthe, im Bildvordergrund links kniet Narziß, sich in einem wassergefüllten Gefäß spiegelnd, das von einer Wasser-Nymphe gehalten wird, vermutlich Echo darstellend. Hinter Narziß gelagert, folgt Klytia dem von ihr geliebten Apoll mit den Augen – sie wird zur Sonnenblume, die ihren Kopf immer zur Sonne dreht. Rechts im Vordergrund lagern Krokos und Smilax, deren Liebe sie in die gleichnamigen Blumen verwandelt. Dahinter steht Adonis mit Speer und Jagdhund, Adonis wird nach seinem Tod zur Anemone verwandelt, und neben ihm ist Hyacinth platziert, der Geliebte Apolls.

Den Mittelpunkt des Bildes beherrscht Flora, links steht Priapus, der Gott der Gärten, als Herme auf einer Stele, und über ihr lenkt Apoll seinen Sonnenwagen; alle drei Gottheiten werden mit dem Frühling assoziiert. Die Bezüge zu den klassischen Liebespaaren Ovids sind von Poussin bewusst gesetzt – wie etwa Apoll und Hyacinth.

Links im Vordergrund befindet sich ein Füllhorn mit Blumen, dem Zeichen für die immerwährende Kraft der Erneuerung in der Natur.

In Poussins äußerst kunstvoll komponiertem Gemälde einer Huldigung an den Frühling kommt der Darstellung der einzelnen Blume im Zusammenhang mit der Personifizierung der Blumen eine bedeutsame Rolle zu.

Bei Darstellungen der Flora als Einzelfigur, in ihrer Funktion als Allegorie des Frühlings, dem Wiedererwachen der Natur, wird sie als blühende junge Frau mit Blütenkranz im Haar und Frühlingsblumen in den Händen dargestellt. Unter diesen findet sich häufig die Lilie. Ursprünglich aus Syrien bzw. Palästina stammend, zählt die Lilie zu den ältesten Zierpflanzen

Nicolas Poussin, Das Reich der Flora, 1630/31, Staatliche Kunstsammlungen Dresden, Gemäldegalerie Alte Meister, Inv. Nr. 719

Europas – ihre Rolle als Frühlingsbote lässt sich daher in der Malerei weit zurückverfolgen.

Literatur:
A. Blunt, *Nicolas Poussin*, 2. Auflage, London 1995 • *Gemäldegalerie Dresden – Alte Meister, Bestandskatalog*, Leipzig 1992, S. 305, Tf. 27 • Ausst.- Kat. R. Verdi, *Nicolas Poussin 1594 – 1665*, London 1995, Kat. Nr. 20, S. 180 – 181, Tf. 20 • A. Mühlbacher-Parzer, *Blumen – Botanische Studien zu Gemälden der Residenzgalerie Salzburg*, Salzburg 1992, S. 66 • M. Battistini, *Symbole und Allegorien*, Berlin 2003, S. 34 – 35 (Frühling).

Kat. Nr. 69   Abb. S. 104
Francesco de Rosa, gen. Pacecco de Rosa (1607 – 1656),
Flora, um 1645 – 1650
Öl/Leinwand, 103,6 x 86 cm
Kunsthistorisches Museum Wien, Gemäldegalerie, Inv. Nr. 9679

Kat. Nr. 69

Die südländische Schönheit der jungen Frau in blauem Kleid mit einem Blütenkranz im dunklen Haar ist dazu angetan, den Betrachter in seinen Bann zu ziehen. Wirkungsvoll bildet der elegant drapierte roten Umhang einen kontrastreichen Hintergrund für den geflochtenen Korb voll heller Frühlings-Blumen: Tulpen, Nelken, Rosen, Narzissen... und zwei weiße Lilien. Es sind die Blumen, die es ermöglichen die Dargestellte eindeutig als Flora zu identifizieren.

Der Neapolitaner Maler Pacecco de Rosa arbeitete in jungen Jahren in der Werkstatt von Massimo Stanzione, einem der bedeutenden Maler Neapels in der 1. Hälfte des 17. Jh.s. Das vorliegende Bild ist dem Stil Stanziones verpflichtet; in der neuesten Literatur wird darauf hingewiesen, dass Pacecco de Rosa nicht die Blumen malte, sondern dass diese von einem Spezialisten für Blumen-Malerei, vermutlich Luca Forte, hinzugefügt worden sind (Schütze). Möglicherweise stammt das Gemälde aus einer Serie der 4 Jahreszeiten.

RJ

Literatur:
L. Rocco, in Ausst.-Kat. *Painting in Naples from Caravaggio to Giordano*, Washington/DC 1982 Kat. Nr. 90, S. 199 – 200 • *Die Gemäldegalerie des Kunsthistorischen Museums in Wien, Verzeichnis der Gemälde*, Wien 1991, S. 102, Tf. 212 • S. Schütze, Pacecco de Rosa/Flora, in: Ausst.-Kat. *Fiori – cinque secoli di pittura floreale*, Biella 2004, S. 85 – 86, Abb. S. 99.

Kat. Nr. 70 Abb. S. 105
Claude Vignon (1593 – 1670), Flora / Bildnis einer Allgottheit, 30er Jahre des 17. Jh.s
Öl/Leinwand,
89,4 x 76,5 cm
Residenzgalerie Salzburg, Inv. Nr. 387 *

* Die Inventar-Nummer ist in der Literatur bislang durchgehend falsch angegeben worden.

Geheimnisvoll wie der Blick der jugendlich blühenden thronenden Gestalt, wie ihr verschlossener Mund und ihr verknoteter Gürtel ist die Aussage dieses Frauen-Bildnisses, das in seiner En-face-Darstellung bei einer nur leichten Drehung nach rechts zum Betrachter hin den barocken Stil verrät. Die Ausgewogenheit der Darstellung und der Lichtführung mit der komplementären Gestik der Arme und Hände, der beiden einander entsprechenden Blumen- und Früchtegirlanden sowie einer helleren und einer dunkleren Bildhälfte, weiter betont durch die chiastische Kreuzung von Schleier und brauner Schärpe, zielt auf hierarchische Strenge und beweist die kultische Bedeutung des Gemäldes.

Kat. Nr. 70

Bisher glaubte man hier die Göttin Flora dargestellt zu sehen. Doch zu ihr passen die herbstlichen Früchte der Girlanden genauso wenig wie die düstere Seite mit der Fackel und deren trübem Licht.
Eine Göttin jedenfalls blickt auf den Betrachter herab, geschmückt mit einem Blumendiadem und den auf die religiöse Sphäre hinweisenden Girlanden über ihr. Wir befinden uns anscheinend einem neuen heidnischen Götterbild gegenüber, das die Verehrung der Erde als einer Allgottheit empfiehlt.
Die weiße Lilie mit den drei Blüten, angeordnet in Kreuzesform, bedeutet die Tagseite oder den Lebens-, Licht- und Heilsaspekt und weist infolge des leichten Übergewichtes dieser rechten Seite eine Steigerung gegenüber der Nachtseite zur Linken auf, die die Fackel nur trübe beleuchtet. Diese Gegenüberstellung von Lilie und Fackel scheint das Motiv von Lilie und Schwert bei den Darstellungen des Weltenrichters Jesus Christus in der Zeit um 1500 zu variieren und weist auf den Segens- und Fluchaspekt der Gottheit hin.

Die Dargestellte mag man Gaia-Terra oder auch Isis nennen: Allgottheit soll sie jedenfalls sein. Sie erscheint als Jungfrau, wie ihr nach links flatternder Brautschleier, der im Herakles- oder Kreuzknoten verschlossene Jungfrauengürtel und nicht zuletzt die weiße Lilie in ihrer Rechten erweisen. Zugleich zeigt sie sich aber auch als Mutter mit den vollen Brüsten unter dem durchscheinenden Gewand. Die Fackel als ein Symbol der zeugenden männlichen Kraft stellt sie als göttliche Urpotenz heraus: sie verfügt damit über die beiden gründenden Kräfte dieser Welt. So offenbart die Göttin sich als die Herrin des Tages und der Nacht, des Lebens und des Todes, des Frühlings/Sommers/Herbstes und andererseits des Winters. Damit wird sie erkennbar als eine Verwandte der Mater Magna deum und als Gottheit des Kosmos, als Allgottheit.

WS

Das Gemälde war ursprünglich oval, die Flora nicht zentral, sondern – der barocken Auffassung entsprechend – aus der Mitte nach links gerückt angeordnet.

RJ

Literatur:
P. Borgeaud, *La mère des dieux, de Cybèle à la Vierge Marie*, Paris 1996 • *Reallexikon für Antike und Christentum*: W. Fauth, Art. Himmelskönigin, Bd. 15 (1991), Sp. 220 – 233; T. Klauser, Art. Gottesgebärerin, Bd. 11 (1981), Sp. 1071 – 1103 • E. Stauffer, Antike Madonnenreligion, in: *Aufstieg und Niedergang der römischen Welt*, Teil 2, Bd. 17,3, Berlin 1984, S. 1466 – 1499.
E. Blechinger, *Residenzgalerie mit Sammlung Czernin und Sammlung Schönborn-Buchheim*, Salzburg 1980, S. 111/112, Abb. Tf. 54 • A. Mühlbacher-Parzer, Ausst.-Kat. *Blumen – Botanische Studien zu Gemälden der Residenzgalerie Salzburg*, Salzburg 1992, S. 60 – 61, Abb. 26 • G. Groschner, *Wen verführst Du, Thamar? – Ikonographische Studien zu Gemälden der Residenzgalerie Salzburg*, Salzburg 1993, S. 56, Abb. S. 55 • T. Habersatter, in: *Meisterwerke – Residenzgalerie Salzburg*, Salzburg 2001, S. 88, Abb. S. 89 • T. Habersatter, Ausst.-Kat. *Sehnsucht Süden – Französische Barock- und Rokokomaler in Italien*, Salzburg 2002, S. 172 mit Abb.

Die Sprache der Blumen

Johannes Ramharter

„Mit Hilfe von Jacques und Madeleine,…, unternahm ich es, auf den untersten Stufen der Freitreppe, …, zwei Sträuße zu komponieren, die ein bestimmtes Gefühl ausdrücken sollten. Kannst du dir einen Springbrunnen von Blumen vorstellen, der aufwallend aus beiden Vasen emporsteigt und in duftigen Fransen herabfällt? Aus seinem Herzen schossen meine Wünsche als weiße Rosen, als silberkelchige Lilien hervor… Sind es nicht zwei verschiedene Arten von Unschuld, jene, die nichts, und jene, die alles weiß, das Gemüt des Kindes, das Gemüt des Märtyrers?"

Honoré de Balzac, Die Lilie im Tal [1835]

In ihrem Brief vom 16. März 1718 berichtet Lady Mary Montagu (1689 – 1762) von einem merkwürdigen Brauch, den sie im Orient kennen gelernt hatte: Die Lady, die ihren Gatten auf Gesandtschaftsreise in die Türkei begleitet hatte, war von Lady Rich gebeten worden, einen türkischen Liebesbrief zu übermitteln. Heimlich in einen Harem eingeschleust erlebte sie dort den Brauch mit Hilfe von Blumen Botschaften zu übermitteln, türkisch *„Selam"* genannt. *„Ich habe, Ihrem Wunsch gemäß, einen türkischen Liebesbrief für Sie erhalten und ihn in einer kleinen Schachtel dem Schiffer des Smyrnafahrers übergeben, mit dem Befehl, sie bei Ihnen selbst abzuliefern… Es gibt keine Farbe, keine Blumen, kein Unkraut, keine Frucht, kein Kraut, keinen Stein, keine Feder, die nicht einen zu ihr gehörigen Vers haben. Man kann sich zanken, Vorwürfe machen oder Liebes- Freundschafts- oder Höflichkeitsbriefe, ja gar Neuigkeiten herumschicken, ohne die Finger mit Tinte zu beflecken."* Diese Briefe aus dem Orient wurden nach dem Tod der Autorin veröffentlicht und fanden eine starke Verbreitung. Im Unterschied zu späteren Entwicklungen beruhte die orientalische Blumensprache nicht in erster Linie auf Gefühlswerten, sondern auf Assoziationen als Mnemotechnisches System. Die Nachricht über diese Form der Codierung verband sich mit dem traditionellen Symbolcharakter der Blumen, wie er etwa in Shakespeares Hamlet ihren Ausdruck fand, wenn Ophelia singt: *„Da ist Rosmarin, das ist zum Andenken: ich bitt' Euch, liebes Herz, gedenkt meiner! Und da ist Vergissmeinnicht, das ist für die Treue."* Zu Beginn des 19. Jh.s erschienen die ersten einschlägigen Fachbücher, etwa Charlotte de Latours *„Le langage des fleurs"*, 1819. Gerade der empfindsamen Mode der Romantik entsprach diese diskrete Art der Nachrichtenübermittlung unter Liebenden in besonderer Weise. Dabei entwickelte sich ein regelrechter Code, der mit entsprechenden Büchern entschlüsselt werden konnte. Der unschuldigen Lilie kam dabei eine besondere sakrale Bedeutung zu, die von Dichtern wie Clemens Brentano (1778 – 1842) oder Ludwig Tieck (1773 – 1853) in Gedichten gewürdigt wurde. Josef von Eichendorffs (1788 – 1857) Taugenichts berichtet in der gleichnamigen Erzählung nicht nur von einer empfindsamen Schönen, die *„sah so still lächelnd in die klaren Wellen hinunter, die sie mit der Lilie berührte, so dass ihr ganzes Bild zwischen den widerscheinenden Wolken und Bäumen im Wasser noch einmal zu sehen war, wie ein Engel, der leise durch den tiefen blauen Himmelsgrund zieht."* Als Gärtner weiß er auch um die Bedeutung seiner Blumen, die er sorgsam in Körbchen legt. *„Die Rosen waren nun wieder wie ihr Mund, die himmelblauen Winden wie ihre Augen, die schneeweiße Lilie mit ihrem schwermüthig gesenkten Köpfchen sah ganz aus wie sie."* Nicht zuletzt übermittelt Marguerite, die Kameliendame in Alexandre Dumas (1824 – 1875) Erzählung gleichen Titels, ihren Verehrern Botschaften durch roten und weißen Blüten.

Zum Verständnis der Nachricht kam es nicht nur auf die ausgewählten Blüten an, sondern zudem auf die Art wie die Schleife gebunden war und wie der Strauß getragen wurde. Die Lilie steht nach Karl Blumauers 1844 in Wien erschienen Buch mit dem Titel *Der Blume Wort* für fleckenlose Tugend und Unschuld. Friedrich Schlegel (1772 – 1829) etwa endet sein Gedicht „Ich und du" mit den Versen, *„Du tratest aus meinem Traume, aus deinem trat ich hervor. Wir sterben, wenn sich eines im andern ganz verlor. Auf einer Lilie zittern zwei Tropfen, rein und rund, zerfließen in eins und rollen hinab in des Kelches Grund."*

Beim Lotus nahm man zudem Bezug auf dessen Eigenschaft in der Dunkelheit und Kälte unterzutauchen, um sich erst bei Licht zu öffnen. *„Die Liebe von Dir hat meinem Leben Licht und Glanz gegeben, o lass mich nicht wieder in Nacht versinken"*, lautet bei Blumauer die passende Umschreibung. Heinrich Heine (1797 – 1856) verbindet im *Lyrischen Intermezzo* von 1823, später vertont von Robert Schumann, beide Gedanken, wenn er schreibt: *„Der Mond, der ist ihr Buhle, er weckt sie mit seinem Licht, und ihm entschleiert sie freundlich ihr frommes Blumengesicht."*

Literatur:

Honoré de Balzac, *Le Lys dans la vallée*, 1835 (*Die Lilie im Tal*) • Lady Mary Wortley Montagu, *Letters*, London 1769 (*Briefe aus dem Orient*) • Josef von Eichendorff, *Aus dem Leben eines Taugenichts*, 1826 • Alexandre Dumas, *La dame aux Camélias*, 1848 (*Kameliendame*) •·Karl Blumauer, *Der Blume Wort*, Wien 1844 • Heinrich Heine, *Lyrisches Intermezzo*, 1823.

"*Sesame and Lillies*"
und die Naturornamentik bei John Ruskin (1819 – 1900)

Rainald Franz

*"The less of nature it contains,
the more degraded is the ornament."*

John Ruskin

Unter dem Titel *Sesame and Lillies* veröffentlichte der damals 44-jährige John Ruskin 1863 zwei Vorträge: „Von den Schatzhäusern des Königs" über den Umgang der britischen Nation mit dem Buch, und „Von den Gärten der Königin" zur Erziehung von Mädchen und der Rolle der Frau in der viktorianischen Gesellschaft Großbritanniens. In der Neuausgabe von 1871 ergänzte er die Sammlung durch einen Vortrag von 1868 mit dem Thema „Das Geheimnis des Lebens und der Künste". Marcel Proust, ein großer Verehrer der Schriften Ruskins, übersetzte die für den Bücherfreund so wichtigen Aufsätze 1906 ins Französische.

Zum Zeitpunkt des Erscheinens dieses Aufsatzbandes hatte sich der 1819 geborene Sohn eines kunstsinnigen Geschäftsmannes bereits einen Namen als Vortragender und Kunstkritiker durch drei Bücher gemacht. Zwei Bände seines fünfbändigen Hauptwerks *Modern Painters* waren 1843 und 1846 erschienen; darauf folgte 1849 das Buch *The Seven Lamps of Architecture*, welches zeigte, dass dieser Kunstkenner nicht nur über Landschaftsmalerei und Ästhetik (den Gegenstand der ersten beiden Bände der *Modern Painters*, die auch der Verteidigung der Kunst der Präraffaeliten und William Turners gewidmet waren), sondern über Architektur und ihre gesellschaftlichen Grundlagen zu urteilen verstand. Mit den *Seven Lamps* errichtete Ruskin das geistige Fundament für sein zweites Hauptwerk, das der gotischen Baukunst Venedigs und der Unfähigkeit der Gegenwart, etwas Vergleichbares hervorzubringen, gewidmet war. Die *Stones of Venice*, so der Titel des Opus, erschienen ebenfalls in zwei Bänden, wobei Ruskin im zweiten Band (1853) die Basis für seine *Politische Ökonomie der Künste* (1857) legte.

In diesen Schriften, wie auch in *The Two Paths* (1859), entwickelte er Kriterien der Einschätzung von Gegenwart und Vergangenheit, die für seine späteren architekturhistorischen Schriften maßgebend wurden. Ähnlich wie Augustus Welby Northmore Pugin (1812 – 1852) konfrontierte er seine eigene Zeit, die er als „finsteres" Industriezeitalter empfand, mit einer Vision eines idealisierten, farbenprächtigen Mittelalters. Trotz der Parallelen zwischen Pugin und Ruskin, vor allem hinsichtlich des Bestrebens nach Revitalisierung mittelalterlicher Architektur, auch in ihrer religiös-moralischen Dimension, trat der Protestant Ruskin als Widerstreiter des fanatischen Katholiken Pugin auf.

Ruskins Mittelalter war eine Zeit des Urprotestantismus und die Gotik für ihn die typische Bauweise des protestantischen Nordens. In Gegensatz zur Gotik steht für Ruskin die „schlechte" Renaissance-Architektur. Ruskin schildert in den *Stones of Venice*, vor allem im Kapitel „Das Wesen der Gotik" (Bd. 2, 1853) seine Sicht eines Kausalitätsverhältnisses von Kunst und Moral; sie sind Ausdrucksträger von Individuen und Gesellschaftsformen.

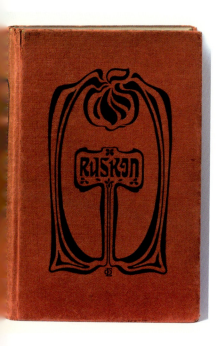

Kat. Nr. 71

Der Kreis zwischen der Vorstellung von der Gotik als einer natürlich gewachsenen Architektur und der Natur als Offenbarung Gottes schließt sich, wie bei Pugin, zur Idee von Kunst mit moralischen Dimensionen. Das Handwerker-Ideal steht im Zentrum von Ruskins Gotik-Interpretation: aufgrund der ganzheitlichen Arbeit – die Arbeitsteilung in der maschinellen Produktion seiner Zeit sah er als Hauptübel für den Verfall der Qualität der Produkte sowie der Arbeit an – kann der Handwerker noch Freiheit und Freude an seiner Tätigkeit genießen und Unabhängigkeit im Entwurf dokumentieren. Dass der Künstler keine bloßen Ornamente als alte Form weiterschleppte, ergab sich dann von selbst. *„Ich glaube, die einzige entscheidende Frage bei allem Ornament ist einfach diese: War es mit Vergnügen und Genuß gemacht? War der Bildner glücklich, als er daran arbeitete? ...aber sie muß auch glücklich und glühend und gläubig gewesen sein: sonst wird sie nicht leben"*, heißt es in „Der Leuchter des Lebens" aus Ruskins *Seven Lamps of Architecture*. Ruskin wollte den Industriearbeiter vom „animated tool" wieder zum selbstständig denkenden und handelnden Wesen machen, seiner Meinung nach resultierte die Schönheit der Produkte aus der Verbesserung des Wertes der Arbeit. Letztendlich träumte der Reformer John Ruskin, der seine Ideen auch als Lehrer umzusetzen suchte, wie später William Morris (1834 – 1896), von einer lebendigen Volkskunst, die im Mittelalter noch eine vermeintliche Intaktheit besaß. Mit der Renaissance sei diese Einheit durch Spaltung der Künste in die sog. hohe Kunst und die sog. niederen Künste zerstört worden. Die Kunst sei artifiziell geworden, eine Spaltung, die, nach Meinung Ruskins, nun erst recht im Industriestaat England fortgetrieben und durch die Maschinenproduktion bis zu einer Art Versklavung des Menschen durch die Maschine gesteigert worden sei. Gutes Handwerk rekonstruiere folglich die Würde des Menschen. Nicht die Konstruktionsregeln der Gotik (in denen Pugin die Ehrlichkeit eines Bauwerks in ethischer Hinsicht suchte) waren deswegen für John Ruskin das entscheidende Kriterium der Vorbildhaftigkeit, sondern die Fähigkeit, die der freie mittelalterliche Handwerker in der Arbeit am Ornament, als einer quasi seismographischen Übertragung seiner Seele, zu entwickeln vermochte.

Ruskins Schriften, vor allem *The Stones of Venice* und *The Seven Lamps of Architecture* wurden die eigentlichen theoretischen Schlüsselwerke der nachfolgenden Arts and Crafts-Bewegung, die das Ideal eines an mittelalterlichen Vorbildern orientierten Kunsthandwerks im England der 1870er Jahre wieder zu beleben suchte.

In der Liebe zur Natur, die bei Ruskin ebenso leidenschaftlich war wie die zur Kunst der Gotik und Italiens, traf er sich mit seinen Landsleuten und bei diesem charakteristischen Zug der Engländer ist es nicht verwunderlich, dass die gewerbliche Erneuerung vom Landhaus ausging. Gutes Ornament muss nach Ansicht John Ruskins „natürliche" Wachstumsprinzipien ausdrücken, um Anspruch auf Schönheit zu erheben. „Schöne" Kunst ist immer Nachbildung der Naturform. Hierin unterscheidet sich Ruskin in seiner Meinung entscheidend von Zeitgenossen wie Owen Jones (1809 – 1874) und Christopher Dresser (1834 – 1904), die in der Natur zwar eine überwältigende Inspirationsquelle sehen, aber bloße Naturkopie nicht als Kunst gelten lassen wollen. Nur das deduktive Herausarbeiten der dem Naturvorbild innewohnenden Grundstruktur und deren anschließende Umsetzung in ein ornamental stilisiertes Liniensystem führen, nach Ansicht von Owen Jones, zu bleibendem künstlerischen Erfolg. John Ruskin nahm die intrinsischen Gesetzmäßigkeiten der Natur als solche und nicht als die eines übergestülpten *„geometrischen Schematismus"* wahr. Er forderte *„nicht Imitation, sondern Interpretation"*. Gegen die flachen Ornamente nach der Natur, die den Dekorationsstil des Mittel- und Spätviktorianismus prägten, setzten die Reformkünstler um William Morris im direkten Anschluss an Ruskin biologisch spezifische Pflanzenornamente, die sich durch Farbe und Plastizität, elastisch gespannte Kurvaturen, und einen Rapport auszeichnen, der weniger aus geometrischer Notwendigkeit, als aufgrund des in der Botanik fixierten, natürlichen Zusammengehörigkeitsstrebens der Pflanzen entwickelt wurde. Aus dieser spezifischen Sicht auf die Natur bei John Ruskin erklärt sich seine Wahl von *Sesam und Lilien* als titelgebende Pflanzen seiner Aufsatzsammlung.

Besonders die Lilie, in der christlichen Ikonographie Symbol der Reinheit, Unschuld, Jungfräulichkeit, Zeichen der Verkündigung, aber auch Blume des Todes, könnte als Anspielung Ruskins auf die von ihm kunsttheoretisch begleitete, 1848 gegründete englische Malerbruderschaft der „Präraffaeliten" gelesen werden, die sich ja am italienischen Trecento orientierte. Die Lilie taucht ebenso in den oben erwähnten Pflanzenornamenten der Arts and Crafts-Bewegung, etwa in Stoffen nach Entwurf von William Morris, immer wieder als beliebtes Motiv auf.

Literatur:
G. Breuer, *Ästhetik der schönen Genügsamkeit oder Arts & Crafts als

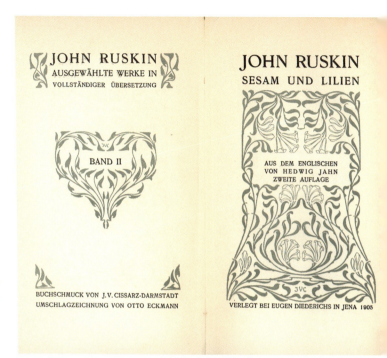

Kat. Nr. 72

Lebensform. Programmatische Texte, Braunschweig/Wiesbaden 1987 • Dieselbe, *Von Morris bis Macintosh – Reformbewegung zwischen Kunstgewerbe und Sozialutopie. Arts and Crafts. Impulsgeber für Jugendstil, Werkbund und Bauhaus*. Ausst.-Kat. Mathildenhöhe, Darmstadt 1994 • W. Kemp, *John Ruskin. Leben und Werk*, Frankfurt/Main 1987 • F. L. Kroll, *Das Ornament in der Kunsttheorie des 19. Jahrhunderts*, Hildesheim 1987 • W. Kaplan, *The Arts and Crafts Movement in Europe and America. Design for the modern world*, London 2004 • *Darmstadt 1901-1976. Ein Dokument deutscher Kunst*, Ausst.-Kat. Mathildenhöhe, Darmstadt 1976.

Kat. Nr. 71 und 72

Die in der Ausstellung präsentierte deutsche Ausgabe von *Sesame and Lillies* aus dem Jahr 1905 kann als Beleg für die große Bedeutung betrachtet werden, die John Ruskins Kunsttheorie in den Kreisen der deutschen Reformkünstler um 1900 beigemessen wurde. Dem vielzitierten „englischen Vorbild" wurde nicht zuletzt auch in der Buchkunst nachgeeifert. Die gegenständliche Edition ist ganz geprägt vom Stil der 1899 auf Initiative des einflussreichen Verlegers Alexander Koch (1860 – 1939) von Großherzog Ernst Ludwig von Hessen und bei Rhein (1868 – 1937) zur Förderung der lokalen Kunst-Industrie gegründeten Künstlerkolonie Mathildenhöhe in Darmstadt. Den Umschlag schmückt eine Zeichnung von Otto Eckmann (1865 – 1902), Maler, Grafiker und Typograph sowie Kunsthandwerker. Der gebürtige Hamburger hatte seine Ausbildung an den Kunstgewerbeschulen Hamburg, Nürnberg und München als Maler erhalten und war ein geschätzter Landschafter, bevor er 1894 seine Laufbahn rigoros beendete, um fortan ausschließlich im Bereich der angewandten Kunst zu arbeiten. Neben dekorativer Grafik für die Kunstzeitschriften „Pan" und „Jugend" zählen eigene Schrift- und Textilentwürfe sowie Innenausstattungen zu Eckmanns Werk, einem der vielseitigsten Künstler des deutschen Jugendstils. Ab 1897 Professor für ornamentale Malerei in Berlin, war er ab 1900 auch als Grafiker für AEG tätig. Seit 1898 war er mit dem Darmstädter Künstlerzirkel in Kontakt.

Den Buchschmuck des Bandes mit den Vorträgen von John Ruskin *Sesam und Lilien* gestaltete Johann Vincenz Cissarz (1873 – 1942). Wie Eckmann arbeitete Cissarz nach einer Ausbildung als Maler an der Dresdener Akademie, u.a. als Meisterschüler des Historienmalers F.W. Pauwels, in dieser Profession und schuf als erstes Werk ein Altargemälde. Bis 1903 in Dresden tätig, schuf Cissarz Gebrauchsgrafik und Plakate, wobei er zu einem Pionier des neuen deutschen Bildplakates wurde. Gleichzeitig begann er ab 1898 für den Verleger Eugen Diederichs in Leipzig Buchschmuck zu entwerfen. 1903 – 1906 war Cissarz Mitglied der Künstlerkolonie Darmstadt, gestaltete den Katalog und das Plakat der 2. Künstlerkolonie-Ausstellung 1904 (Pallas Athene im Profil) und erweiterte seine Entwerfertätigkeit auf die Gebiete der Innenarchitektur, Textil und Schmuck. 1904 schuf er ein Gemälde für das Musikzimmer des „Deutschen Hauses" auf der Weltausstellung in St. Louis zur 7. Symphonie Beethovens sowie Glasgemälde für eine Kirche bei Darmstadt. Ab 1906 lehrte Cissarz an der Stuttgarter Akademie Buchausstattung und vermittelte seinen floral-linearen Stil den Studenten. Der Künstler gab das „Cissarz-Ornament" heraus, eine Mustersammlung für anspruchsvolle Druckaufgaben. 1916 – 1940 leitete er die Meisterklasse für Malerei an der Kunstgewerbeschule Frankfurt a. M. Daneben war er als Einbandentwerfer für Verlage wie Cotta, Callwey, Diederichs, Klimsch, A. Koch, Ullstein erfolgreich tätig.

RF

Kat. Nr. 71 Abb. S. 110
John Ruskin (1819 – 1900), *Sesam und Lilien*, Jena, Eugen Diederichs, 1905
Band II einer Ausgabe von John Ruskin, *Ausgewählte Werke in vollständiger Übersetzung*, übersetzt von Hedwig Jahn (2. Auflage), Druckerei Breitkopf & Härtel, Leipzig
Buchdruck, 266 S., Maße: 19,5 x 13,5 cm, Buchblock 2,3 cm
Privatbesitz

Umschlag: Roter Karton, Umschlagzeichnung von Otto Eckmann (1865 – 1902)

Kat. Nr. 72 Abb. S. 111
Haupttitel, Entwurf von Johann Vincenz Cissarz (1873 – 1942)

Lilien-Porzellan

Ingrid Haslinger

Lilien-Porzellan wurde zum bekanntesten in Österreich in der Nachkriegszeit hergestellten Porzellan. Besonders das Service *Daisy* bzw. *Daisy Melange* entwickelte sich zum absoluten Renner, obwohl es vergleichsweise hochpreisig war. Das Service entstand 1959 und wurde bis 1991 produziert. Assoziiert wird es mit den fünfziger und den beginnenden sechziger Jahren, mit Wirtschaftsaufschwung, Nierentischen und der Zeit des Rock n' Roll. *Daisy* war zumindest mit einigen Stücken in jedem österreichischen Haushalt vertreten; alle nachfolgenden Dekore und Service waren nicht annähernd so erfolgreich.

Lilien-Porzellan wird aber auch mit der Wiederbelebung der österreichischen Tischkultur in Verbindung gebracht, zu der Franz Ruhm, der tatkräftige Verfechter der Tradition der Wiener Küche, einen wichtigen Beitrag leistete. Auf Lilien-Porzellan wurden nicht so sehr die österreichischen Klassiker serviert, sondern Pasta asciutta (viele Österreicher fuhren damals nach Italien auf Urlaub), bunte kalte Platten mit viel Mayonnaise, phantasievolle Brötchen und Exoten wie „Schinkensteak Hawaii".

Schließlich wurden die Lilien-Porzellan-Produkte im Laufe der Zeit zum Kultobjekt und begehrten Sammelstück.

Entwurf Fritz Lischka 1958

Chronologie des Lilien-Porzellans

1795	Beginn der Steingutproduktion in Wilhelmsburg (Niederösterreich)
1883	Übernahme des eher unbedeutenden Betriebs durch den Wiener Kaufmann Heinrich Lichtenstern (1837 – 1895), Modernisierung der Fabrik
1885	Lichtensterns Sohn Richard (1870 – 1937) wird als Fünfzehnjähriger Leiter des Betriebs in Wilhelmsburg, Vergrößerung des Werks, Herstellung von Gebrauchsgeschirr aus Steingut
1900/1914	Ankauf von Steingutfabriken in Znaim und Teplitz-Schönau
1918	Der Zusammenbruch der Habsburgermonarchie beschert dem Wilhelmsburger Werk große Probleme; die Werke in Znaim und Schönau befinden sich nun im Ausland; Verlust der Hauptabsatzgebiete Balkanstaaten und Türkei durch hohe Zollschranken
20er Jahre	Erster Einbruch in der österreichischen Tisch- und Küchenkultur; Lebensmittelmangel und hohe Inflation; Arbeiterstreiks im Wilhelmsburger Werk
30er Jahre	Küchenchef Franz Ruhm hält Radiovorträge über Kochen und Tischkultur. In die Wiener Küche halten „künstliche" Kochhilfen Einzug (Margarine, Suppenwürfel)
1932	Richards Sohn Kurt Lichtenstern (1907 – 1996)

	wird technischer Direktor; Produktion von billigem Haus- und Küchengeschirr mit guter Formgebung und geschmackvollen Dekoren
1937	Tod von Richard Lichtenstern
1938	Enteignung und Emigration von Kurt Lichtenstern; Übernahme des Werks durch die Creditanstalt – nun „Ostmark-Keramik" genannt
1945	Kurze Einstellung des Betriebs bei Kriegsende, im Mai 1945 Wiederaufnahme der Produktion über Initiative der Belegschaft
1939/45	Nachhaltige Vernichtung der österreichischen Tisch- und Küchenkultur
nach 1945	Eklatanter Porzellan- und Glasmangel in Haushalten, Gastronomie und Hotellerie
1946	Kontaktaufnahme der Creditanstalt mit Kurt Lichtenstern, der sich jetzt Conrad H. Lester nennt; Umbenennung der Fabrik in Österreichische Keramik AG
1947	Rückstellungsvergleich zwischen Lester und der Creditanstalt; Lester erhält Aktienmajorität
1950	Langsame Erweiterung des Werks trotz Einreiseverbots für Conrad H. Lester (russische Besatzungszone!); Entwicklung von Hotelporzellan
50er Jahre	Küchenchef Franz Ruhm nimmt seine Tätigkeit zur Rettung der Wiener Küche und der Tafelkultur durch Radiovorträge wieder auf und wird erster Fernsehkoch Österreichs; Herausgabe einer Fachzeitschrift mit Rezepten und Beispielen für gedeckte Tische
1955	Staatsvertrag; Abzug der russischen Besatzungsmacht; Lester kann die Wilhelmsburger Fabrik wieder betreten
1957	Rationalisierung der Geschirrabteilung; Umstellung auf Erzeugung von Porzellan
1958	Entwicklung der Form *Daisy* – Benennung durch Conrad H. Lester, der Name trägt dem Trend zum „Amerikanischen" in Österreich Rechnung; über Lesters Anregung wird *Lilien-Porzellan* Markenname – der Name soll die Beziehung des Orts mit dem nahen Stift Lilienfeld dokumentieren; überdies soll der Kunde den Symbolgehalt der Lilie als Zeichen der „Reinheit" mit dem Porzellan assoziieren
1959	Produktionsschwierigkeiten: die Pastellfarben können nicht einheitlich hergestellt werden; Zusammenstellung von bunt gemischten Servicen unter dem Namen *Daisy-Melange*
	Juni: Vorstellung von *Daisy-Melange*: Engagement des aus den USA stammenden Marketingexperten George Robins; Einführung aggressiver amerikanischer Werbestrategien; Werbematerial, Farbprospekte, Schaufensterwettbewerbe, Präsenz auf den Wiener Messen
	Juli: Kritik der „*Glas und Porzellan Zeitung*" an der Tischkultur des Österreichers:

„*... Da war vor kurzem in einer österreichischen Tageszeitung ein Artikel zu lesen, der in begeisterten Worten ein Loblied auf das ‚Picknick vor dem Eisschrank' sang; in leuchtenden Farben wurden die köstlichen Genüsse einer ‚aus dem Papierl' verzehrten Wurst beschrieben ... Wie bedauerlich, daß all diese Dinge – Blumen, geschmackvolles Porzellan und funkelnde Gläser so sehr aus unserem täglichen Leben entschwunden sind, um nun ein trauriges Schattendasein im Dunkel selten geöffneter Schränke führen zu müssen, das nur von einigen wenigen Festen von Zeit zu Zeit unterbrochen wird. – Woran mag das liegen? Ist diese Vernachlässigung der Tisch-*

	kultur eine Folge der Sparsamkeit, der Absicht, die ‚gute Ausstattung' für feierliche Gelegenheiten zu schonen – oder ist sie nicht vielmehr Zeichen mangelnden Lebensstils?"
1960	Werbeslogan: „Jeder Geschirrteil ist einzeln erhältlich – Ein Speiseservice muß man nicht auf einmal kaufen. Erstehen Sie es doch nach und nach: Erst die Teller, in den Lieblingsfarben Ihrer Familie, später eine Schüssel oder die Bratenplatte – bald schon besitzen Sie ein schönes, modernes Service aus Lilien-Porzellan." Werbespot für das Kino, mit der Radiofamilie „Die Florians" Große Nachfrage nach *Daisy* Umbenennung der Fabrik in ÖSPAG (Österreichische Sanitär-, Keramik- und Porzellan-Industrie Aktiengesellschaft)
1961	Das 1959 entwickelte Service *Corinna* wird vorgestellt, es besteht ausschließlich aus Kaffee-, Mokka- und Teeservice Dekore *Seladon* und *Stylo*
1962	*Daisy* wird in den Dekoren *Feder* und *Raute* angeboten Bei *Corinna* kommen die Dekore *Taubengrau*, *Blüten*, *Feder*, *Raute* und *Tropfen* dazu März: Vorstellung des reliefierten zylindrischen Services *Menuett* Vorstellung der Form *Dolly* auf der Wiener Herbstmesse: Eine Schwester der Erfolgsserie *Daisy*; Dekore *Weiß*, *Ocker*, *Ocker* mit braunem Siebdruck und *Weiß* mit braunem Siebdruck; Ende des Jahres Einstellung der Produktion von *Dolly* *Menuett* in den Dekoren *Weiß* und *Noblesse Grau* von 1964 – 1976, *Noblesse Ocker* von 1964 – 1965 erhältlich
1966	Einführung der Form *Dora* während der Wiener Herbstmesse, modifizierte *Daisyteile*, Dekor *Dunkelgrün/Weiß*; *Menuett Scotch* von 1966 – 1968 erhältlich
1967	Einstellung der Form *Corinna* *Dora* in *Beige* erhältlich; *Menuett* in *Azur* von 1967 – 1971 erhältlich
ab 1968	Der Fernseh-Moderator Heinz Conrads verwendet *Daisy-Melange* in seiner Fernseh-Sendung „Guten Abend am Samstag" Umstellung von *Dora* auf Hotelporzellan, sollte Lagerhallen leeren Neue Dekore für Hotellerie: *Donaugold*, *Mohnblume* und *Weiß* *Menuett* in *Schwarz/Grau* von 1968 – 1969 erhältlich
1971	Beginn der 20-jährigen Nachkaufgarantie für *Daisy* Einstellung der Produktion von *Dora*
1976	Einstellung von *Menuett*
1991	Ende der Produktion von *Daisy*
1996	Tod von Conrad H. Lester
1997	Ende der Geschirrproduktion in Wilhelmsburg; Angliederung von Lilien-Porzellan an die Schweizer Porzellangruppe Langenthal – Verlegung der Geschirrproduktion in das tschechische Werk Dvory
2001	Konkurs von Langenthal Übernahme durch den tschechischen Investor G. Benedikt/Karlovy Vary
2003	Rückkehr der Marke Lilien-Porzellan (Vertrieb) nach Österreich (Salzburg); Erzeugung von Hotelporzellan

Quellen und Literatur:
Fachzeitung für Glas und Porzellan, Wien 1931 – 33 • Österreichische Glas u. Porzellan Zeitung, Wien 1947 – 1959 • Tisch und Küche Informationen, Wien 1961 – 1969.

R. Edenhofer, *Lilien-Porzellan, Von der Keramik AG zur ÖSPAG*, Wien 2003 • G. Otruba, *Vom Steingut zum Porzellan in Niederösterreich*, Firmenfestschrift 170 Jahre Wilhelmsburg, Wien 1966 • *...von Tafelfreuden und Tafelsitten*, Kultur im Alltag, Wien 1963.

Kat. Nr. 73 – 77
Lilien-Porzellan

Neben der besonders bekannten Form *Daisy/Cup* entstanden in Wilhelmsburg noch weitere Service: *Corinna*, *Dolly*, *Menuett* und *Dora*. Im Jahr 1958 stand das Werk Wilhelmsburg unter Zugzwang: Man brauchte Verkaufserfolge, um die hohen Investitionen in die Fabrik wieder hereinzuspielen. Außerdem musste das Image der Firma verändert werden um die Kunden zu überzeugen, dass nun auch hochwertiges Porzellan produziert wurde. Die Idee zur Porzellanmarke stammte von Conrad H. Lester (= Kurt Liechtenstern, 1907 – 1996; siehe Chronologie des Lilien-Porzellans): Er schlug die Lilie vor, die sich im Wilhelmsburger Stadtwappen befindet und die jahrhundertelange Beziehung des Orts mit dem nahen Zisterzienserstift Lilienfeld dokumentiert. Überdies ist die Lilie ein Symbol der Reinheit – diesen Begriff sollte der Kunde mit dem neuen Porzellan assoziieren. Die Porzellanmarke wurde vom akademischen Keramiker Fritz Lischka (1920 – 2004) entworfen.

Conrad Lester hatte nicht nur mit dem Markennamen Erfolg, sondern auch mit der Vermarktung seiner Produkte. Er war mit den in den USA üblichen Werbestrategien vertraut und engagierte einen Marketingexperten, seinen amerikanischen Kollegen George Robins. Das Unternehmen ließ farbige Werbeprospekte produzieren, präsentierte das Service auf den Wiener Messen, bot 20 Jahre Nachkaufgarantie und konnte die bekannte Radio-Familie *Die Florians* für einen Werbefilm zum Service *Daisy* gewinnen, der in den Kinos gezeigt wurde. Die Händler erhielten von der ÖSPAG Porzellanständer mit dem Lilien-Logo und Unterlagen zur effektiven Auslagengestaltung. Sie wurden auch zu Schaufensterwettbewerben eingeladen. Verkauft wurde nur mehr an den Fachgroßhandel, Werbereisende besuchten potenzielle Kunden, um ihnen bei der Präsentation von Lilien-Porzellan behilflich zu sein und ihnen das neueste Werbe-

Kat. Nr. 73

117

Kat. Nr. 73

material zur Verfügung zu stellen. Die von George Robins umgesetzte, aggressive amerikanische Werbestrategie hatte vollen Erfolg. Ähnliches hatten die Österreicher noch nicht gesehen.

Kat. Nr. 73   Abb. S. 117, 118
Lilien-Porzellan: Dekor *Daisy*
Daisy Melange: Kaffeekanne, Milchkanne, Zuckerdose, 6 Kaffeetassen mit Untertassen, Kuchenplatte, 6 Dessertteller
Besitz: René Edenhofer, Deutsch-Wagram
In Wilhelmsburg plante man ursprünglich ein konkurrenzfähiges, strapazierfähiges Hotelservice zu entwickeln, um den ausländischen Produkten entgegentreten zu können. Allerdings wollte man aus Risikogründen keine völlig neue Form auf den Markt bringen. Um im Trend zu liegen, suchte die Firmenleitung Kontakt mit der Firma Slama, dem führenden Geschirrhändler in Wien. Von ihm erhielt der Betriebsleiter die gängigsten Objekte führender Porzellanhersteller als Muster; überdies hatte sich Slama bereit erklärt, die Wilhelmsburger Prototypen zu begutachten. Nach einigen Änderungen gingen Kaffeeservice und später auch Speiseservice in Produktion. Conrad H. Lester war die Werbewirksamkeit von allem Amerikanischen bewusst, daher erhielt das neue Produkt den Namen *Daisy*.

Allerdings hatte das Werk ein Problem: Man war nicht in der Lage die für *Daisy* verwendeten Pastellfarben einheitlich zu halten; die Hersteller machten aus der Not eine Tugend und stellten die Service gemischt zusammen, wobei die Kernstücke wie Kaffeekannen, Milchgießer und Zuckerdosen silbergrau waren. Diese Farbmischung blieb auch bei den später produzierten Speiseservicen so. Das neue Produkt hieß *Daisy Melange* und wurde bereits im Herbst 1959 beworben. Das neue Service war einzigartig – auf dem Markt gab es nichts Vergleichbares. Trotz des hohen Preises war das Service außerordentlich erfolgreich.

In einem Werbeprospekt aus dem Jahr 1959 kann man Folgendes lesen: „Frühlingsstimmung in Ihr Eßzimmer! Ein harmonischer Akkord von freundlichen hellen Pastellfarben auf Porzellangeschirr – das ist Melange. Es wird Gemütlichkeit an Ihrem Tisch verbreiten, wenn Sie Ihren Angehörigen das Frühstück servieren und wenn Sie Ihre Gäste bewirten. Ob Sommer, Herbst oder Winter: Melange bringt Frühlingsstimmung in Ihr Eßzimmer!"

Daisy wurde ab 1962 auch in den Dekoren *Feder* und *Raute* angeboten und blieb bis zum Jahr 1991 im Produktionsprogramm. Ab 1969 gab es Teller im Frühlingsdekor, der in Zusammenarbeit mit Jenaer Glas in der DDR entstand. Man konnte somit die Speisen im passenden Kochgeschirr auftragen.

IH

Kat. Nr. 74 Abb. S. 119
Lilien-Porzellan: Dekor *Corinna*
Corinna Seladon: Kaffeekanne, Milchkanne, Zuckerdose,
6 Kaffeetassen mit Untertassen
Besitz: René Edenhofer, Deutsch-Wagram

Im Jahr 1959 schlug nicht nur die Geburtsstunde für *Daisy*, sondern auch für *Corinna*. Fritz Lischka, der Betriebsassistent des Werks Gmunden/Engelhofen, präsentierte dem Vorstand der ÖSPAG das Modell einer neuen Teekanne. Künstlerisches Design und funktionelle Gestaltung entsprachen den Vorstellungen Conrad Lesters – Fritz Lischka wurde beauftragt um die Kanne ein Service zu entwerfen. So entstanden Kaffee-, Tee- und Mokkaservice mit Kuchenplatte und Desserttellern. Mit diesem Entwurf wollte die Firma an die übrigen hochwertigen Porzellanservice anschließen. Doch das Service war zu teuer, überdies kämpfte man mit technischen Problemen in der Produktion. Mit Jahresende 1966 wurde die Herstellung von *Corinna* eingestellt.

IH

Kat. Nr. 74

Kat. Nr. 75

Kat. Nr. 76

Kat. Nr. 75 Abb. S. 120

Lilien-Porzellan: Dekor *Dolly*
Dolly Ocker: Kaffeekanne,
Milchkanne, Zuckerdose,
6 Kaffeetassen mit Untertassen, Kuchenteller, Eierbecher
Besitz: René Edenhofer, Deutsch-Wagram

Das neue, zylindrische Kaffee- und Teeservice wurde im Herbst 1963 vorgestellt und mit Elementen (Tasse, Zuckerdose, Dessertteller) von *Daisy* komplettiert. Der Name des Services war als Ehrung für Josef Dolezal (1897 – 1967), den Obermodelleur der ÖSPAG, gedacht und behielt gleichzeitig den amerikanischen Anklang. Das Service wurde in den Dekoren *Weiß-Braun*, *Ocker-Braun*, *Weiß* und *Ocker* angeboten, allerdings nur im Jahr 1963 erzeugt.

IH

Kat. Nr. 76 Abb. S. 120

Lilien-Porzellan: Dekor *Menuett*
Menuett duo: Kaffeekanne, Milchkanne, Zuckerdose, 6 Kaffeetassen mit Untertassen, 6 Dessertteller
Besitz: René Edenhofer, Deutsch-Wagram

Auch *Menuett* entsprach den neuen Modetrends am Geschirrmarkt: Zylindrische Formen waren sehr beliebt. Ebenso kam das Stabrandrelief dem Geschmack der Zeit entgegen. Im Jahr 1964 entstand das Kaffeeservice, 1965 kam das Mokkaservice dazu, und im selben Jahr begann man mit der Entwicklung eines Speiseservices. Suppentopf, Ragoutschüssel, Sauciere mit Untersatz, Suppentasse mit Untertasse, Bratenplatte, Schüsseln, runde Platten sowie Suppen- und Speiseteller waren im Sortiment. Erhältlich war das Service in *Weiß*, *Grau*, *Ocker*, *Scotch*, *Azur* und *Schwarz/Grau*. Das Luxusservice der ÖSPAG wurde ab 1966 auch für das Hotelgewerbe und die Gastronomie angeboten. Im Jahr 1976 wurde die Produktion von *Menuett* eingestellt.

IH

Kat. Nr. 77　　　　　　　　　　　　　　　　Abb. S. 121
Lilien-Porzellan: Dekor *Dora*
Dora Donaugold: Kaffeekanne, Milchkanne, Zuckerdose,
6 Kaffeetassen mit Untertassen
Besitz: René Edenhofer, Deutsch-Wagram

Mit einfachsten Mitteln erreichte man 1966 ein neues Service, das aus modifizierten *Daisy*-Teilen zusammengestellt wurde und den Namen *Dora* erhielt. Es war ausschließlich als Kaffeeservice erhältlich. Besonders erfolgreich wurde der dunkelgrüne Dekor, für die Gastronomie bot man die Dekore *Mohnblumen* und *Donaugold* (eleganter Goldranddekor) an. *Dora* wurde im Dezember 1971 aus der Produktion genommen.

IH

Die Lilien-Porzellan-Präsentation wird vervollständigt durch:
2 Werbeplakate
2 Werbeschriften
Besitz: René Edenhofer, Deutsch-Wagram

Kat. Nr. 77

Blumen-Photographie
Wilhelm Weimar (1857 – 1917) und Paul Wolff (1887 – 1951)

Gerhard Kölsch

Die künstlerische Photographie des 19. Jh.s kannte vielfache Verflechtungen mit den Traditionen der Malerei – in der Landschaft und im Porträt, im Stilleben und auch im Blumenbild. So inszenierten frühe Lichtbildner üppige Arrangements von Blumen und Früchten mit allerlei Beiwerk nach Art der niederländischen Meister (Roger Fenton, „Früchte und Blumen", 1860, The Royal Photographic Society, Bath), während sich verschiedene Kunstphotographen um 1900 für die inszenierte Zufälligkeit, das stetige Spiel des Lichts und den sensualistischen Reiz der impressionistischen Malerei begeisterten (Baron Adolphe de Meyer, Serie von Blumenstilleben, in: Camara Work, H. 24, 1908). Ein sachlich ausgerichteter Blick auf die Formen und Strukturen, auf die Schönheit und den Charme einzelner Blumen und Blüten sollte sich hingegen immer dann entwickeln, wenn die Photographie als schöpferisches Medium zwischen Dokumentation und Ästhetik trat – beispielsweise in den Blumen-Photographien als Vorlage für Stoffdessins und für kunsthandwerkliche Entwürfe bei Adolphe Braun („Feldblumenstrauß", um 1854, Museum Ludwig, Köln) und Charles Aubry („Mohnblumen", um 1865, Privatbesitz), oder etwa im direkten Umfeld der ästhetisch ebenfalls höchst ausgereiften Kunst-Dokumentationen der Fratelli Alinari („Iris Fiorentine", um 1868, Privatbesitz).

Diese Verquickung von Dokumentation und ästhetischer Gestaltung charakterisiert auch die beiden 1898 datierten Aufnahmen mehrblütiger Lilienstengel von Wilhelm Weimar (Wertheim 1857 – Hamburg 1917). Durch seine handwerkliche Ausbildung bei einem Graveur und den Besuch der Karlsruher Kunstgewerbeschule wurde Weimar zunächst zu einem herausragenden Reproduktionszeichner, seit 1883 war er am Hamburger Museum für Kunst und Gewerbe beschäftigt und schuf wissenschaftliche Dokumentationen aller Art. Zur Photographie fand Weimar 1898, als er für das Hamburger Denkmalsinventar arbeitete. In den folgenden Jahren erschienen Aufsätze zu künstlerischen und technischen Fragen der Photographie; Weimar legte eine Sammlung von Daguerreotypien an und betrieb Grundlagenforschung zur Frühzeit des Mediums. Sein eigenes Schaffen umfasste diverse Serien, in denen er die Wirkung verschiedener Einstellungen und Lichtverhältnisse in der Objektphotographie untersuchte.

Mit dem Band *Blumen-Aufnahmen nach der Natur photographiert* legte Weimar 1901 ein ästhetisch und fototechnisch grundlegendes Kompendium vor. Im gleichen Kontext entstanden, verraten die beiden Lilien-Photographien ihre Verwurzelung in der dokumentarischen Sicht des 19. Jh.s: nach allen Seiten ausgerichtet, vermitteln die einzelnen Blüten in ihrer Zusammenschau eine ausgesprochen deutliche Vorstellung ihrer komplexen Formen. Sie wirken räumlich geradezu greifbar, obgleich eine gleichmäßige Beleuchtung die Bildung stärkerer Schatten unterdrückt. Die Fokussierung auf das Kernmotiv vor fast monochromem Hintergrund, die brillante Wiedergabe selbst kleinster Details und die beschreibend-nüchterne Wirkung lassen Weimars Bildschöpfungen schließ-

Kat. Nr. 78

Kat. Nr. 79

„Phacelea Tanacetifolia", 1900 – 1925, Karl Bloßfeld Archiv, Zülpich; Fuhrmann, „Kapuzinerkresse-Knospe", um 1923, Galerie Kicken/Pauseback, Köln).

Paul Wolff (Mülhausen/Elsass 1887 – Frankfurt am Main 1951) setzte in seinen Pflanzenaufnahmen entsprechende Gestaltungsmittel in eher abgemilderter Form um. Die gesteigerte Eindringlichkeit dieser Arbeiten deutet jedoch an, dass ihm die progressiven Photographien seiner Zeitgenossen gleichermaßen geläufig waren. Der promovierte Mediziner Wolff hatte bereits im Elsass und in Frankfurt am Main praktiziert und parallel hierzu erste Erfahrungen in der Photographie gesammelt, als er 1926 eine Leica-Kleinbildkamera gewann und sich fortan allein dieser neuen Technik widmete. Er eröffnete gemeinsam mit Alfred Tritschler eine Photoagentur und fiel durch die konsequente Gestaltung seiner Arbeiten auf, während er sich all jenen Themen und Motiven widmete, die ihm persönlich interessant erschienen. Sein 1934 herausgegebenes Buch *Meine Erfahrungen mit der Leica* wurde zu einem Bestseller; und auch in den 1950er Jahren wurde Wolff durch praxisnahe Publikationen zu einer Leitfigur der Amateurphotographie.

Wolffs Photographie einer japanischen Goldbandlilie entstand als Vorlage zu dem Band *Formen des Lebens*, der seit

lich fast schon wie eine Vorwegnahme des „Neuen Sehens" der 1920er Jahre erscheinen.

Tatsächlich wurde zwischen den beiden Weltkriegen durch deutsche Photographen wie Karl Bloßfeld und Ernst Fuhrmann eine neue Richtung der Pflanzenphotographie populär, die mit frontalem Blick und in oft starker Vergrößerung mit großer Detailschärfe und Betonung des Ornamentalen danach strebte, das Essentielle der Motive herauszuarbeiten (Bloßfeld,

1931 in zahlreichen Auflagen erschien und 120 Pflanzenaufnahmen umfasste. Der Photograph zeigt hierbei eine einzelne Blüte in starkem „close up" und schneidet sie am linken Rand etwas an, während die leichte Unschärfe des vordersten Blütenblatts, einige recht tiefe Schatten und ein schemenhafter Stengel samt Knospe und Vasenhals im Hintergrund den suggestiven Eindruck naher Räumlichkeit entwerfen. Der bereits durch die Aufnahme gewählte Ausschnitt und die starke Vergrößerung werden hierbei programmatisch eingesetzt, denn hierdurch „kann uns der kleinste Ausschnitt einer Pflanze zu einem optischen Erlebnis werden". Als photographierender Wissenschaftler nutzt Wolff die moderne Kamera erklärtermaßen zur „Erfassung der Tatsachen", ja als „Rüstzeug der Forschung". Sein neuer Blick auf bekannte Motive zielt letztlich darauf, „innerhalb des Pflanzenreichs etwas erkennen, vielleicht nur ahnen zu lassen von der formbildenden Kraft des Lebens". Diese formbildende Kraft wird schließlich unter Berufung auf den Philosophen Eduard von Hartmann mit dem Begriff „Gesetz der Schönheit" umrissen, das sich unter anderem mit dem Prinzip der „Symmetrie und Zweckmäßigkeit" verbunden zeige (alle Zitate: Paul Wolff und Martin Möbius, Vorwort zu *Formen des Lebens*). Die ästhetisch faszinierenden Pflanzenaufnahmen von Paul Wolff erscheinen somit mit dem späten Versuch einer ganzheitlich-phänomenologischen Naturbetrachtung unterlegt, wie sie bereits ein Jahrhundert zuvor, in Johann Wolfgang von Goethes Überlegungen zur „Urpflanze" und zur „allgemeinen Spiraltendenz der Vegetation" prägnant formuliert worden war.

Kat. Nr. 80

Literatur:
W. Weimar, *Blumen-Aufnahmen nach der Natur photographiert*, Frankfurt am Main 1901 • P. Wolff, *Formen des Lebens, Botanische Lichtbildstudien*, Königstein im Taunus und Leipzig 1931 ff. • W. A. Ewing, *Flora Photographica, Meisterwerke der Blumenphotographie von 1835 bis heute*, Weingarten 2002 (u.a. zu Karl Bloßfeld, Ernst Fuhrmann) • P. Wolff, *Fotografien der 20er und 30er Jahre*, Ausst.-Kat. Suermont-Ludwig-Museum, Aachen 2003 • P. Rochard (Hg.), *Das Geheimnis der Photographie, Landschaften & Stilleben*, Kat. Internationale Tage Ingelheim 2004 (u.a. zu Roger Fenton, Baron Adolphe de Meyer, Adolphe Braun, den Fratelli Alinari).

Kat. Nr. 78   Abb. S. 123
Wilhelm Weimar (1857 – 1917), Getigerte weisse Lilie
signiert und datiert am Negativ r. u.: *W. W. 98* [1898]
Untersatzkarton, recto r. u.: *Wilhelm Weimar, Hamburg 11.12.1898*; sowie recto Mitte u.: *Getigerte weisse Lilie / -nat. Durchm. der geöffneten Blüthe: 22 cm.- / zu No. 204. / V / 12905*
Kollodiumpapier, auf Untersatzkarton, Fotopapier: 16,8 x 22,2 cm
ALBERTINA, Wien, Inv. Nr. Foto GLV2000/1489 (Dauerleihgabe der Höheren Graphischen Bundes- Lehr- und Versuchsanstalt)

Kat. Nr. 79   Abb. S. 75, 124
Wilhelm Weimar (1857 – 1917), Getigerte weisse Lilie
signiert und datiert am Negativ r. u.: *W. W. 98* [1898]
Untersatzkarton, recto r. u.: *Wilhelm Weimar, Hamburg 6.12.1898*; sowie recto Mitte u.: *Getigerte weisse Lilie / V / 12905*
Kollodiumpapier, auf Untersatzkarton, Fotopapier: 16,7 x 22 cm
ALBERTINA, Wien, Inv. Nr. Foto GLV 2000/1490 (Dauerleihgabe der Höheren Graphischen Bundes- Lehr- und Versuchsanstalt)

Kat. Nr. 80   Abb. S. 125
Paul Wolff (1887 – 1951), Goldbandlilie, 1931
verso: Photographen-Stempel; auf Untersatzkarton: Retuscheanweisungen
Silbergelatinepapier, Retuschen, auf Untersatzkarton, Format A5
ALBERTINA, Wien, Inv. Nr. Foto LS 2000/854 (Dauerleihgabe der Österreichischen Ludwig-Stiftung für Kunst und Wissenschaft)

VOR MIR DIE KRAFT DES AUSDRUCKS.

Kunst & Leidenschaft -
die Kunstversicherung von UNIQA.

Informationen: kunstversicherung@uniqa.at

UNIQA
und sicher.

Abbildungsnachweis

Braunschweig
Herzog Anton Ulrich-Museum Braunschweig. Kunstmuseum des Landes Niedersachsen,
Fotograf Michael Lindner: Kat. Nr. 1, 4 – 7, 14

Deutsch-Wagram
René Edenhofer: Kat. Nr. 73 – 77

Dresden
Staatliche Kunstsammlungen Dresden, Gemäldegalerie Alte Meister, Fotograf Klut/SKD: Abb. S. 103

München
Bayerische Verwaltung der staatlichen Schlösser, Gärten und Seen, Residenz München, Ostasiensammlung: Kat. Nr. 13, 17 – 18
Beate Passow: Kat. Nr. 10

Salzburg
Erzabtei St. Peter, Fotograf Oskar Anrather/Salzburg: Kat. Nr. 35, S. 59; Fotograf Mag. Reinhard Weidl/Berchtesgaden: Kat. Nr. 35, S. 61 ; 36 – 37
Residenzgalerie Salzburg, Fotograf Ulrich Ghezzi/Oberalm: Kat. Nr. 11, 20 – 21, 58 –59, 64 – 65, 67, 70, 71 – 72
Universitätsbibliothek Salzburg: Kat. Nr. 56 – 57, 60 – 61

Wien
ALBERTINA, Wien: Kat. Nr. 78 – 80
Kunsthistorisches Museum Wien, Ägyptisch-Orientalische Sammlung: Kat. Nr. 24 – 34
Kunsthistorisches Museum Wien, Gemäldegalerie: Kat. Nr. 66, 68 – 69
Kunsthistorisches Museum Wien, Kunstkammer: Abb. S. 77
Kunsthistorisches Museum Wien, Münzkabinett: Kat. Nr. 47 – 55
Kupferstichkabinett der Akademie der bildenden Künste, Wien: Kat. Nr. 38 – 41
MAK - Österreichisches Museum für angewandte Kunst / Gegenwartskunst, Wien: Kat. Nr. 2 – 3, 8 – 9, 12, 15 – 16, 19, 22 – 23; 42 – 46

Vaduz – Wien
Sammlungen des Fürsten von und zu Liechtenstein, Vaduz - Wien: Kat. Nr. 62 – 63

Der Residenzgalerie Salzburg war es nicht in allen Fällen möglich, Rechtsinhaber der Abbildungen ausfindig zu machen. Berechtigte Ansprüche werden selbstverständlich im Rahmen der üblichen Vereinbarungen abgegolten.